G

GOLDMANN
ESOTERIK

W0047765

Buch

Wir leben auf der Schwelle zu einem neuen kosmischen Zeitalter: das Sternzeichen der Fische wird vom Wassermann abgelöst, der die Menschheit der nächsten zwei Jahrtausende regieren wird. Die Ankunft des neuen Zeitalters wird von Esoterikern und Astrologen über Pop-Musiker bis hin zu »New Age«-Denkern und Capras »Wendezeit«-Philosophen beschworen. Aber über das Wesen dieser neuen Zeit gibt es nur sehr vage Vorstellungen.

Ripotas Buch sammelt zum ersten Mal systematisch die Visionen der Wassermann-Zeit und entwirft ein Bild, das vom Alltag, dem neuen Weg von Technik und Wissenschaft bis hin zu einer besonderen Spiritualität reicht. Er überfordert den Leser dabei nicht mit Spekulationen, sondern zeigt ihm die Wassermann-Ansätze unserer Gegenwart und entwickelt daraus nachvollziehbare Perspektiven für die Zukunft.

Autor

Dipl.-Ing. Peter Ripota, Jahrgang 1943, studierte Mathematik und Physik an der Technischen Hochschule in Wien. Seit 15 Jahren ist er im Bereich der Datenverarbeitung tätig, unter anderem für die Firmen Philips und Siemens sowie an der Universität Freiburg, wo er an einem Forschungsprojekt über den didaktischen Einsatz von Computern in Schulen arbeitete und zahlreiche Lehrprogramme entwickelte. Derzeit arbeitet er als Fachredakteur an der zweitgrößten Computerzeitschrift der Bundesrepublik.

Peter Ripota hat auf ganz unterschiedlichen Gebieten publiziert: in angesehenen Fachzeitschriften ebenso wie in populärwissenschaftlichen Publikationen. Seine Gebiete: Naturwissenschaft, Zukunftsforschung, Didaktik, Computertechnik, Handlesen und Astrologie.

Peter Ripota

Die Geburt des Wassermann-Zeitalters

Originalausgabe

GOLDMANN VERLAG

Made in Germany · 9/87 · 1. Auflage
© 1987 by Wilhelm Goldmann Verlag, München
Umschlaggestaltung: Design Team München
Umschlagillustration: Design Team München
Satz: Filmsatz Schröter GmbH, München
Druck: Elsnerdruck, Berlin
Verlagsnummer: 11808
Lektorat: Michael Görden
Herstellung: Heidrun Nawrot
ISBN 3-442-11808-5

Inhalt

Einleitung

Was hat es mit dem »Wassermann-Zeitalter« auf sich? Oft genug taucht der Begriff auf, auch in den populären Medien. Hier einige Beispiele.

Beispiel 1: »This is the dawning of the Age of Aquarius« – Das Wassermann-Zeitalter dämmert herauf – das war einer der populären Schlager aus dem Musical Hair, welches in den sechziger Jahren Furore machte.

Beispiel 2: »The Aquarian Conspiracy« – Die Verschwörung im Zeichen des Wassermanns – hieß der Originaltitel eines aufsehenerregenden Buchs der amerikanischen Wissenschafts-Journalistin Marilyn Ferguson. Die deutschsprachigen Übersetzer wagten es nicht, etwas Astrologisches in den Titel zu bringen, und so wurde daraus »Die sanfte Verschwörung«, ein Titel, der geradezu zu einer Parodie einlud, die prompt erschien (»Die sanfte Verblödung« von Hans A. Pestalozzi).

Beispiel 3: »Das Wassermann-Evangelium« hieß ein Buch über ein noch nicht entdecktes Evangelium, in dem die Lehre der universellen brüderlichen Liebe unbefleckt vom Ballast theologisch-autoritärer Tradition dargestellt wird.

In vielen anderen Schriften ist ebenfalls vom »Wassermann-Zeitalter« die Rede. Und selbst ohne den Bezug auf ein astrologisches Zeichen – oder Weltalter – dringen Vorstellungen in unser

Bewußtsein, die sich radikal von der (immer noch gegebenen) gesellschaftlichen, kulturellen, politischen und psychischen Wirklichkeit abgrenzen:

– Da ist die Rede von *informellen Netzwerken* und von *brüderlicher Liebe* (schon vorausgeahnt bei Schiller und Lessing, Mozart und Beethoven).

– Die *moderne Physik* verliert ihren Newtonschen Boden und erklärt eigenartige Phänomene (über die schon Einstein stolperte) mit Hilfe östlich-buddhistischer Weisheiten.

– Politische Gruppierungen entstehen, die von den etablierten Parteien als »chaotisch« beschimpft werden und deren revolutionäre Ansichten im Establishment Schrecken verbreiten: Sie wollen eine *bürgernahe Demokratie!*

– Sehr *erfolgreiche Firmen* werden gegründet, in denen es *keine Hierarchie* gibt, wo keine Sekretärinnen beflissen die Kaffeetasse bringen, sondern der Chef selbst das Geschirr wäscht.

Und das sind nur einige der eigenartigen Phänomene, die meist von den etablierten Medien ignoriert werden, aber überall zu beobachten, zu fühlen, zu erleben sind. Stimmt es, daß wir in ein Neues Zeitalter der universellen brüderlichen Liebe eintreten? Oder sind das Wunschvorstellungen, ähnlich wie am Ende der Römer-Ägide, als die entwurzelten Sklaven einen neuen Sinn im Leben suchten und in der Religion des Jesus fanden? Steht uns eine Zeit ohne Fesseln, ohne Unterdrückung, ohne Grausamkeit und Not bevor? Oder werden die Computer im Verein mit einer skrupellosen Geheimpolizei unser Leben bis in die intimsten Einzelheiten erfassen und Orwells »1984« noch übertreffen? Wird sich die dritte Welt gegen die Industriestaaten erheben, oder werden wir gar in einem atomaren Holocaust zugrundegehen?

Wollte ich Sie, lieber Leser, verwirren, um Ihnen die Paradoxien des kommenden Zeitalters praktisch vorzuführen, dann müßte ich Ihnen gleich die Antwort auf diese Fragen geben. Sie lautet: Ja – in allen Fällen! Aber, wie kann das sein? Und wie komme ich zu diesen Erkenntnissen? Oder sind es nur Meinungen?

Dieses Buch beschäftigt sich mit den kommenden 2000 Jahren. Es stützt sich dabei auf eine These, die man als die *Theorie der Kosmischen Zyklen* oder der *Weltzeitalter* bezeichnet. Die astronomischen und astrologischen Grundlagen der Theorie werde ich in den nächsten Kapiteln kurz erklären. Sie sind sehr einfach; so einfach, daß sie jeder nachvollziehen und auf andere Zeitalter anwenden kann (was wir auch für den geschichtlich überschaubaren Bereich machen werden).

Unsere These besagt: Wir befinden uns derzeit tatsächlich an der Schwelle zu einem Neuen Zeitalter ähnlich wie das Römische Reich um Christi Geburt, als die »Widder-Zeit« der Assyrer und Juden, der Griechen und Römer langsam zu Ende ging und von der »Fische-Zeit« der christlichen Lebensauffassung abgelöst wurde. Auch die Symbole stimmen: Griechenlands mythisches »Goldenes Vließ« ist das Fell eines Widders. Das frühe Christentum hatte als Geheim- und Erkennungszeichen den Fisch. Und heute finden wir überall das Zeichen des Wassermanns, und zwar meist auf technischen Gebrauchsgütern: ≈, das Zeichen für »Wechselstrom« oder »Strahlung« oder »Vorsicht Elektrizität«.

Doch bevor wir ins Detail gehen, möchte ich – sozusagen als Leitbild – den Menschen des kommenden Zeitalters ganz kurz charakterisieren. Stellen Sie sich vor, Ihr Arbeitskollege oder Nachbar – ein ganz normaler Mensch, ruhig, fleißig, mit den üblichen Hobbies, Freuden und Problemen, erwähnt eines Tages, er könne das, was Jesus auch konnte, nämlich Heilen durch Handauflegen. Sie halten ihn für übergeschnappt oder zumindest reichlich arrogant. Aber er bietet Ihnen eine Demonstration seiner Fähigkeiten an. Vorher entspinnt sich ein Dialog, etwa folgender Art:

»Muß ich dran glauben?« fragen Sie ihn. »Nein.« »Aber du glaubst dran?« »Eigentlich nein, ich bin noch immer skeptisch.« »Mußt du dich dabei konzentrieren?« »Nein, das läuft von alleine.« »Muß ich dabei schweigen oder sonstwas tun?« »Nein, wir können uns ganz normal weiter unterhalten.«

Er legt seine Hände über Ihren Kopf (ohne Sie zu berühren!), und Sie spüren deutlich eine starke Wärme, die von ihnen ausgeht. Doch seltsamerweise bleiben seine Hände dabei kühl! Und nach kurzer Zeit fühlen Sie, wie der Druck in Ihrem Kopf (von zuviel Geist-Arbeit) verschwindet. Sie fühlen sich frisch und wie neugeboren. Erstaunt fragen Sie ihn, wie er das mache und woher er das könne.

»Wie das genau geht, weiß ich selber nicht. Jedenfalls habe ich das an einem Wochenendkurs gelernt. Und«, fügt er hinzu (und das ist die wichtigste Aussage für unsere Thesen), »das kann jeder.«

Was ich hier geschildert habe, ist eine wahre Begebenheit. Jeder, der diese Methode des Energiespendens kennt, wird es mir bestätigen. Und dieser Mensch wird in etwa der Mensch des Wassermann-Zeitalters sein:

– ein nüchterner Magier;

– ein Zauberer, der mit den Kräften des Kosmos umgeht wie unsereins mit dem Staubsauger und der das alles ganz normal findet und keinerlei Geheimnis daraus macht;

– ein ganz normaler Mensch mit scheinbar gottähnlichen Fähigkeiten; ein Wissender, der sein Wissen und seine Fähigkeiten nicht als Großes Geheimnis behandelt, sondern beides in brüderlicher Verbundenheit an Jedermann weitergibt;

– ein Priester/Schamane/Eingeweihter in Blue Jeans oder zweireihigem Anzug;

– ein Mensch mit ungeheuren Fähigkeiten und ganz normalem Selbstgefühl, ohne Geheimniskrämerei, esoterischer Verschlossenheit oder elitärem Dünkel;

– ein elektronischer Zauberer mit der Weltanschauung eines bescheidenen Technikers.

Und dies ist einer der positivsten Aspekte des aufkommenden Neuen Zeitalters: Die Geheimniskrämerei und Arroganz früherer Zeiten bezüglich der geheimen Kräfte des Menschen ist vorbei. Jede Fähigkeit und Erkenntnis, und sei sie noch so ungeheuerlich, kommt allen Menschen zugute – über Seminare an der Volkshochschule. Oder zum Selbststudium als computerunterstützter Fernkurs.

Kleiner Ausflug in die Astronomie

Alle Jahre wieder kommt der Frühling, auch wenn es manchmal nicht so aussieht. Für die Astronomen ist der Beginn der Frühlingszeit exakt festgelegt.

Bekanntlich ist die Erdachse gegenüber der Sonnenbahn leicht geneigt. Die Sonnenbahn – auch Ekliptik genannt – schneidet daher die Verlängerung des Äquators auf den Himmel – Himmelsäquator genannt – in zwei Punkten. Der eine heißt *Frühlingsknotenpunkt* oder kurz Frühlingspunkt, und in ihm steht die Sonne zur Zeit der Frühlings-Tagundnachtgleiche. Der andere heißt *Herbstknotenpunkt*, und in ihm steht die Sonne zur Zeit der Herbst-Tagundnachtgleiche.

Steht die Sonne also in diesem – mathematisch errechneten – Schnittpunkt, dann steht sie auch an einer bestimmten Stelle des Sternenhimmels. Diese kann man zwar nicht direkt beobachten – wenn die Sonne scheint, sieht man bekanntlich keine Sterne –, aber man kann sie berechnen.

Weil aber die Erde als Kreisel im Weltraum eine Art Schlingerbewegung durchführt, zeigt die Erdachse nicht immer in die gleiche Richtung. Als Folge davon liegt auch der Frühlingsknotenpunkt nicht immer an der gleichen Stelle des Sternenhimmels. Konkret gesagt: Er wandert ganz langsam durch die Sternbilder in Ekliptiknähe, das sind die bekannten Tierkreis-Sternbilder Widder bis Fische.

Diese Erscheinung war vermutlich schon den Babyloniern bekannt. Erstmals wiesen die Griechen darauf hin. Der Frühlingspunkt hält sich ungefähr 2100 Jahre in einem Sternbild auf, er braucht etwa 26 000 Jahre für eine volle Umrundung des Sternbilder-Tierkreises. Derzeit verläßt der Frühlingspunkt das Sternbild »Fische« und wandert langsam ins Sternbild »Wassermann«. Die Wanderung ist, wie man sagt, »rückläufig«, also gegen den normalen Umlaufsinn der Sonne um die Ekliptik. Das ist durch die Art der Kreiselbewegung der Erdachse bedingt. Es handelt sich dabei um einen kosmischen Zufall – genausogut könnte es umgekehrt sein.

Weil die Grenzen der Sternbilder nicht exakt festgelegt sind – und weil die Sternbilder, ebenfalls als kosmische und dazu mythologische Zufälle, ganz unterschiedlich groß sind –, kann man nicht genau angeben, wann ein solcher Wechsel stattfindet. Hier gibt es also noch Lücken der Erkenntnis.

Soweit zur Astronomie. Jetzt sind die Astrologen dran!

Astrologische Zyklen

Was die Menschen unter »Astrologie« verstehen, das ist recht unterschiedlich. Für die einen liegt der Kern astrologischer Aussagen in Prognosen. Für die anderen ist Astrologie ein gutes Mittel, die angeborenen Fähigkeiten und Potentiale der Menschen festzustellen. Für die dritte Gruppe liegt die Aufgabe der Astrologie in praktischer Lebenshilfe. Und die vielen Skeptiker, die Astrologie mit Scharlatanerie gleichsetzen, haben oft nicht ganz unrecht. Für die Erkenntnisse dieses Buchs kann die Astrologie als die *Lehre von den Kosmischen Zyklen* aufgefaßt werden. Ein Zyklus ist ein gesetzmäßiger und zeitlich berechenbarer Ablauf. Die Wanderung des Frühlingspunkts ist ein solcher Zyklus. Seine Position zu berechnen ist recht einfach; diese auch zu deuten, eine ganz andere Sache.

Doch so schwierig ist die Sache nicht. Die Astrologen machen mehrere Annahmen zur Deutung eines Weltzeitalters, aber für unsere Zwecke genügen zwei davon:

1. Das Sternbild, in dem der Frühlingsknotenpunkt liegt, bestimmt den Charakter des Zeitalters. Daher der Name »Fische-Zeitalter«, »Wassermann-Zeitalter«, usw.

2. Die Welt ist eine Art Horoskop, und das Sternbild des Frühlingspunktes repräsentiert den »Aszendenten« oder das erste Feld des Zeitalters.

Aus der ersten Annahme sind nur allgemeine Aussagen ableitbar. Interessant wird es erst mit der Annahme (2). Jetzt kann man nämlich das Horoskop in 12 Felder (auch »Häuser« genannt) einteilen. Jedes Haus hat eine spezifische Bedeutung und steht in einem eigenen Sternbild. Im Wassermann-Zeitalter beispielsweise steht das erste Feld (der Aszendent) im Sternbild »Wassermann«, das zweite Feld im Sternbild »Fische«, das dritte im Sternbild »Widder«, usw. bis zum 12. Feld im Sternbild »Steinbock«.

Beim Übergang von einem Zeitalter ins nächste ändern sich alle Zuweisungen Feld – Sternbild. Das Feldersystem verschiebt sich jeweils um genau ein Sternbild. Da nun benachbarte Sternzeichen sich charakterlich sehr stark unterscheiden, ist der Übergang der Weltzeitalter auch so deutlich zu spüren. Denn die Änderungen sind wirklich radikal – und das merken wir.

Die Felder (Häuser)
und ihre Bedeutung

1. Feld *(Aszendent):* **Erscheinungsbild, Gesamtcharakter**

Der Aszendent ist die Grenze zwischen Ich und Umwelt. Er repräsentiert das Erscheinungsbild eines Menschen, seine täglichen Verhaltensweisen und Masken, seine »Persona« im Sinne C. G. Jungs, das ist das Bild, das wir in die Umwelt projizieren. So *scheinen* wir, so *sind* wir aber nicht unbedingt. PERSONA – war übrigens die Maske der griechischen Schauspieler, die sie sich je nach Stück und Rolle aufsetzten.

In der Astrologie kann man zwischen Innenwelt und Außenwelt schwer unterscheiden. Was die Umwelt also in mir sieht, das suche ich meinerseits in der Umwelt. Erscheine ich der Umwelt ruhig, friedlich und ernst, dann suche ich selbst solche Umgebungen, die mein Sternbild bestätigen oder fördern. Erscheine ich unruhig, aggressiv und intellektuell, dann suche ich solche Menschen und Situationen, die diesem Bild entgegenkommen.

Der Aszendent ist also nicht nur die Erscheinung des Ich in der Umwelt, sondern auch das von mir gewünschte Bild der Umwelt für mich. Auf die Theorie der Weltzeitalter übertragen: Der »Zeitgeist«, denn er wird hier charakterisiert, schafft sich eine Umwelt, die dem Sternzeichen des ersten Felds entspricht.

Der Aszendent kennzeichnet aber auch unseren Körper, denn er bildet die sichtbare Grenze zwischen Ich und Außen.

Das erste Feld wird unter anderem folgende Fragen beantworten:

– Wie wird das kommende Zeitalter sein?
– Wie werden die Menschen körperlich aussehen?
– Welche besonderen Eigenschaften werden die Menschen, ihre Verhaltensweisen, ihre gesellschaftlichen, politischen und kulturellen Institutionen prägen?

2. Feld: Besitz

Das zweite Feld steht für unser Verhältnis zum Besitz. Dabei geht es in erster Linie um materiellen Besitz: Geld, Häuser, Grundstücke, Schmuck, Möbel, Sachwerte, aber auch unser aller Besitz und die Erde.

Das zweite Feld wird unter anderem folgende Fragen beantworten:
– Wie eignen wir uns Besitz an und welche Einstellung haben wir dazu?
– Wie behandeln wir die Erde?
– Wie wird das Wirtschaftssystem der Zukunft aussehen?

3. Feld: Kommunikation und Lernen

Das dritte Haus charakterisiert unsere alltäglichen und überschaubaren Beziehungen: zu Nachbarn und Kollegen, Kindern und Verwandten. Es zeigt uns auch unser Verhältnis zur Sprache, zu Information, zum Lernen, und es zeigt uns, wie wir Kontakte knüpfen, Wissen kurzfristig verarbeiten und zu Verträgen stehen.

Das dritte Feld wird unter anderem folgende Fragen beantworten:
– Wie sieht die Sprache der Zukunft aus?
– Was wird mit unseren Schulen?
– Wie werden wir mit Informationen (mit Neuigkeiten, Wissen, Erfahrung) und mit Verträgen umgehen?

4. Feld: die Seele, das Zuhause

Das vierte Feld, der tiefste Punkt der Ekliptik, heißt auch IC (Immum Coeli = Himmelstiefe). Es ist die Tiefe unserer Existenz: die Kindheit, das Unterbewußte, die verborgenen Erinnerungen (vielleicht auch an frühere Leben). Wie sich das vierte Haus astrologisch präsentiert, so erleben wir unsere Kindheit.

Da das Elternhaus unser Wesen so stark prägt, suchen wir unbewußt ein Zuhause, das dem der Kindheit entspricht. Mithin steht das vierte Haus auch für das Heim, wie wir es für uns gestalten. Diese unsere private Umwelt kann sich von der öffentlichen Umgebung (dem Aszendenten) erheblich unterscheiden.

Das vierte Feld wird unter anderem folgende Fragen beantworten:
- Wie erforschen wir unsere Seele?
- Wie wird das Heim der Zukunft aussehen?
- Welche Häuser werden wir bauen bzw. schätzen?

5. Feld: Kreativität, Sex und Kinder

Im fünften Feld finden wir alles Schöpferische, im künstlerischen und im wörtlichen Sinn. Schöpferisch kann man aber nur sein, wenn man einen spielerischen Zugang zur Welt und zu den Dingen findet. Zum Spiel gehören auch Erotik und Sexualität. Sie dienen keineswegs nur der Fortpflanzung. Vor der Erotik steht das Spiel, nach ihr – gelegentlich – die Kinder, denen wieder Spielen so wichtig ist.

Das fünfte Feld wird unter anderem folgende Fragen beantworten:
- Wie wird die Kunst der Zukunft aussehen?
- Welche Einstellung werden wir zu Kindern haben?
- Welche Formen erotischer Betätigung werden wir bevorzugen?

6. Feld: Arbeit, Gesundheit und Krankheit

Im sechsten Feld sieht der Astrologe unser Verhältnis zu Arbeit, zu Gesundheit und Krankheit.

Das sechste Feld wird unter anderem folgende Fragen beantworten:
- Welche Art von Arbeit wird in Zukunft vorherrschen?
- Wie werden unsere Arbeitsstätten und Arbeitsverhältnisse gestaltet sein?
- Wie wird der Arzt der Zukunft aussehen, und wie wird er heilen?

7. Feld: Partner und öffentliche Helden

Das siebte Feld heißt auch »Deszendent«. Es liegt dem Aszendenten genau gegenüber. So wie wir beim ersten Feld (dem Aszendenten) unsere eigene Person in die Umwelt projizieren, so erscheinen uns umgekehrt im siebten Feld die Menschen der Umgebung. Wir finden also dort das Erscheinungsbild der anderen – nicht immer das reale, sondern oft ein Ideal. Dort zeigt sich, wie wir einen Partner erleben.

Ein »Partner« muß nicht unbedingt der Ehepartner sein. Es kann sich um jede Person handeln, mit der wir (und sei's nur vorübergehend) in persönlichen Kontakt treten. Dazu gehören alle Berater: Psychiater, Rechtsanwälte, Ärzte, aber auch die Helden und Vorbilder der Zeit. Oder auch die Gegner vor Gericht, ein Interviewpartner und ähnliche Personen.

Das siebte Haus hat in der Theorie der Weltzeitalter noch eine andere wichtige Bedeutung. Es markiert eine Art Halbzeit oder Wende in der Entwicklung des kosmischen Zyklus. Die ersten tausend Jahre herrscht das Aszendentenzeichen vor, danach kommt das Gegenzeichen immer mehr zur Wirkung – teils als Ergänzung des Grundzeichens, teils als Gegenspieler.

Das siebte Feld wird folgende Fragen beantworten:
– Wie sieht der ideale Partner aus?
– Wie wird der Umgang mit Beratern und Behörden sein?
– In welche Richtung wird sich die Entwicklung etwa um das Jahr 3000 ändern?

8. Feld: Grenzfragen des Lebens, der Tod

Im achten Feld finden wir unsere Einstellung zu Tod und Sterben, aber auch unser gesellschaftliches Erbe (im Gegensatz zum materiellen Besitz des zweiten Felds): Erbschaften, Aktien, der kollektive Kulturbesitz.

Das achte Feld wird unter anderem folgende Fragen beantworten:
– Was bedeuten uns Tod und Sterben?
– Wie stehen wir zu einem Leben nach dem Tode?
– Was machen wir mit dem geistigen Erbe der Menschheit?

9. Feld: Internationale Beziehungen, Religion, Philosophie

Im Gegensatz zu den gutnachbarschaftlichen Beziehungen des dritten Felds wird im neunten Feld die ganze Welt zum Dorf. Es sind die großen Beziehungen und Gedanken, denen wir hier begegnen: Beziehungen und Reisen ins Ausland, Gedanken, die über den Alltag hinausgehen, weltanschauliche Systeme. Dazu gehören die Beschäftigung mit Philosophie und Religion ebenso wie Fragen des Umweltschutzes, der Weltpolitik, des Weltfriedens. Aber auch die Beschäftigung mit den Grundlagen der Wissenschaften, mit der Eroberung des Weltraums, mit den Ursprüngen des Lebens treffen wir hier.

Das neunte Feld wird unter anderem folgende Fragen beantworten:
– Wie werden unsere internationalen Beziehungen aussehen?
– Welche Art von Religion wird die nächsten beiden Jahrtausende beherrschen?
– Wie werden wir die Grundlagen des Lebens und der Erkenntnis sehen?

10. Feld: Öffentlichkeit, Sinn des Lebens

Das zehnte Feld, der höchste Punkt der Ekliptik, heißt auch MC (Medium Coeli = Himmelsmitte). Das ist der Punkt, den wir symbolisch anstreben, der am klarsten sichtbar ist, wo die Männer und Frauen der Öffentlichkeit stehen. Er symbolisiert unseren beruflichen Werdegang, die Karrieren, die wir anstreben, die Ziele, die wir haben.

Das zehnte Feld wird unter anderem folgende Fragen beantworten:
– Wie sehen die Politiker der Zukunft aus?
– Welches politische System wird vorherrschen?
– Welche Lebensziele werden angestrebt?

11. Feld: Freundschaftliche Beziehungen

Neben den hierarchischen Beziehungen (beispielsweise des siebten Felds) und den persönlichen Beziehungen (beispielsweise des fünften Felds) gibt es auch solche der Gleichberechtigung und der kameradschaftlichen Zusammenarbeit.

Das elfte Feld wird unter anderem folgende Fragen beantworten:
– Welche Einstellung haben wir zur Freundschaft?
– In welcher Form werden sich kameradschaftliche Beziehungen realisieren?

12. Feld: Verborgenes

Im zwölften Feld ist all das aufgehoben, was nicht zur Geltung kommt oder kommen kann, da es in irgendeiner Form eingesperrt oder behindert wird.

Gemäß der Theorie der Kosmischen Zyklen geht ein Zeitalter immer aus dem zwölften Feld des vorigen Zeitalters hervor. Das macht den Übergang so stark, so abrupt, so katastrophal: Was über Jahrtausende unterdrückt und verborgen war, kommt nun mit aller Macht zum Vorschein, zerstört die bisherigen Strukturen, übernimmt die Welt und die Menschen.

Das zwölfte Feld wird unter anderem folgende Fragen beantworten:
– Wer wirkt im Verborgenen?
– Welche Eigenschaften und Aktivitäten sind verpönt?
– Welcher Menschentyp wird verfolgt und eingesperrt werden?

Sternzeichen

Wer kennt sie nicht aus den populären Büchern und Illustrierten, die Charakterisierung der Sternzeichen. Das meiste davon trifft auch zu, obwohl viele Vorurteile das Urteil trüben.

Zunächst: Was sind Sternzeichen? Vom Standpunkt der Astrologie üben Sternzeichen einen Einfluß aus auf das, was sich in ihnen aufhält. Das können Planeten sein, z. B. die Sonne, dann spricht man vom Sonnenzeichen. Es kann sich aber auch um Felder handeln, und von der Kombination Sternzeichen – Feld lebt dieses Buch.

Jedes Sternzeichen wird einem der vier Elemente zugeordnet. Manchmal erleichtert es das Verständnis eines Zeichens, wenn man diese Zugehörigkeit kennt. Diese Elemente bedeuten folgendes:

Feuer: Bewegung, Kraft, Einsatz des Körpers, Intuition
Erde: Sinn für Reales, Materie, Verdauung
Luft: Verstand, Intellekt, Denken, Nerven
Wasser: Gefühle, Intuition, Seelisches

Wundern Sie sich bei der folgenden Kurzcharakterisierung nicht über die Formulierungen. Was tausendmal gesagt wurde, kann man beim tausend und ersten Mal auch ein bißchen anders ausdrücken!

Widder: Die Hörner gespitzt und drauf los

Das aktive Feuerzeichen Widder ist unbekümmert und naiv, originell und kämpferisch, kameradschaftlich und egoistisch.

Stier: Das Ritual des Wiederkäuens

Das stetige Erdzeichen Stier ist beharrlich und ausdauernd. Es liebt Rituale und schöne Dinge, die Natur und Musik.

Zwillinge: Kuriose Kausalketten der Sprache
Das bewegliche Luftzeichen Zwillinge denkt logisch und knüpft gern Kontakte. Es ist gesprächig und neugierig, gesellig und zwiespältig.

Krebs: Frischer Wein und Muttermilch
Das aktive Wasserzeichen Krebs liebt die Häuslichkeit, Flüssigkeiten und tiefe Gefühle. Es ist naturverbunden und mütterlich.

Löwe: Kräftiger Körper und strahlende Menschen
Das stetige Feuerzeichen Löwe hat Autorität und verlangt Respekt. Es besitzt Humor, ungeheure Vitalität und Organisationstalent.

Jungfrau: Forschung und Geschäft
Das bewegliche Erdzeichen Jungfrau hat Sinn fürs Detail, ist nüchtern, sprachbegabt und geschäftstüchtig.

Waage: Küß die Hand, gnä' Frau
Das aktive Luftzeichen Waage liebt feine Formen, schöne Menschen und künstlerische/künstliche Umgebungen.

Skorpion: Gründlich und bohrend
Das stetige Wasserzeichen Skorpion geht in die Tiefe, macht vor nichts halt und kostet alles bis zur Neige. Es ist fasziniert von den letzten Dingen.

Schütze: Mit Schwung aufs Pferd
Das bewegliche Feuerzeichen Schütze ist optimistisch, unternehmungslustig und zielgerichtet. Es liebt den Sport, die weite Welt und philosophische Systeme.

Steinbock: Zähe Ordnung im Schützenverein
Das aktive Erdzeichen Steinbock ist langsam, aber ausdauernd, liebt hierarchische Ordnung und die Architektur. Es ist sparsam und langlebig.

Wassermann: Nüchterne Magie mit exzentrischen Kumpeln
Das stetige Luftzeichen Wassermann ist seiner Zeit voraus, liebt Freundschaften und hat feste Meinungen. Oft erscheint es gespalten.

Fische: Überall und nirgends
Das bewegliche Wasserzeichen Fische ist schwer zu fassen. Es ist künstlerisch, fantasievoll und sensibel, leidet aber oft an der Welt (und an sich selbst).

Geschichtsbetrachtungen

Man kann geschichtliche Zusammenhänge auf zwei Arten betrachten: *synchron* und *diachron*.

Bei der synchronen Betrachtungsweise vergleichen wir verschiedene Schichten, Bereiche, Länder oder Völker zur gleichen Zeit. So können wir synchron das Fische- oder das Wassermann-Zeitalter beschreiben, mit allen Eigenheiten und Auswirkungen. Auf diese Weise erhalten wir einen umfassenden Überblick über eine Zeit, sehen aber keine geschichtlichen Zusammenhänge.

Bei der diachronen Betrachtungsweise nehmen wir einen Teilaspekt der Welt, z. B. den Baustil, und betrachten seine Wandlungen durch die Zeiten. Das hat den Vorteil, die geschichtliche Entwicklung sehr genau verfolgen zu können. Dafür fehlt uns der Überblick.

In diesem Buch gehen wir im allgemeinen synchron vor, versuchen aber durch diachrone Einlagen Wandlungen darzustellen. Der Leser kann das selbst machen, indem er die einzelnen Kapitel (Felder) des Fische-Zeitalters mit den gleichen Feldern des Wassermann-Zeitalters vergleicht. Eine Tabelle wird Ihnen helfen, zwischen den Betrachtungsweisen zu wechseln.

Die Zeitalter

Erst ab dem Zeitalter des Stieres kommen wir in geschichtlich erfaßte Zeitabschnitte. Alles, was davor liegt, sind Spekulationen. Doch warum soll man nicht auch Prognosen in die Vergangenheit machen? Es ist ja nicht auszuschließen, daß künftige Geschichtsforscher auch diese Zeitabschnitte erhellen werden. – Zeitangaben vor unserer Zeitrechnung habe ich durch ein vorgesetztes Minuszeichen (−) gekennzeichnet.

Das Zeitalter des Löwen (−10700 bis −8600):
Atlantis

Löwe ist das Gegenzeichen zu Wassermann. Deshalb wird diese Zeit für die nächsten zweitausend Jahre sehr bedeutungsvoll. Geschichtliche Überlieferungen über den sagenumwobenen Kontinent Atlantis gibt es nicht. Doch nicht von ungefähr ist das Interesse an der Atlantis-Sage gerade in unserer Zeit so groß.

Nach den Thesen der Astrologie muß dieses Zeitalter vom sonnigen, strahlenden, autoritären Zeichen Löwe beherrscht worden sein. Großartige, energiegeladene, strahlende, göttergleiche Menschen haben danach die Erde bevölkert. Sie nutzten die Energie der Sonne aus und erreichten alle Winkel der Erde mit ihren strahlenden Kräften.

Das jedenfalls ist die sonnige Seite. Auf der Schattenseite finden wir eine ungeheure Arroganz der Macht, die andere, »mindere« Wesen unterdrückt, perfekt verwaltet und ausbeutet. Edgar Cayce hat in seinen Trance-Sitzungen die Welt von Atlantis ganz in diesem Sinne geschildert. So gibt es bei ihm einen zentralen, strahlensammelnden Stein, dessen Energie für vielfältige Zwecke genutzt wurde:

»Durch die richtig dosierte Anwendung der Strahlen aus den Kristallen konnte der menschliche Körper sogar verjüngt werden; und der Mensch wandte dieses Mittel der Verjüngung oft an sich selbst an. Allerdings konnte die Kraft des Feuersteins auch mißbraucht werden, und man setzte sie tatsächlich häufig für zerstörerische Zwecke ein.«

Cayce schildert die Unterdrückungsmechanismen der Atlanter und zeigt den Bezug zu unserer Zeit:

»Gerade jetzt inkarnieren sich wieder in großer Anzahl Atlanter auf der Erde, und wenn der Kreislauf der Menschheit durch die Gesetze des Karma wieder seinen Gang nimmt, werden die Menschen wieder einmal konfrontiert mit einer Welt, die sie selbst geschaffen haben.«

Das Zeichen Löwe steht im Wassermann-Zeitalter im siebten Feld, und das bedeutet: Löwe-Menschen werden unser Ideal, und sie werden die zweite Hälfte des Zeitalters beherrschen. In diesem Sinne also knüpfen wir jetzt an die Errungenschaften und schweren Fehler dieser fantastischen Zeit an. Wir werden sie erforschen und zum Vorbild nehmen.

Das Zeitalter des Krebses (−8600 bis −6500):
Sintflut und Matriarchat

Wir befinden uns in der Jungsteinzeit. Der Name »Steinzeit« impliziert primitive Menschen, vornübergebeugt, mit Lendenschurz und wilden Bärten, ihre Bräute an den Haaren in die häusliche Höhle schleppend. Vermutlich ist unser Bild von den Frühmenschen völlig falsch. Es entstand aus der Anschauung: Was zeitlich früher ist, muß primitiver sein. Was zeitlich sehr viel früher liegt, muß reichlich primitiv sein.

Die Astrologie sagt für das Ende der Löwe-Zeit, nach dem Mißbrauch der Sonnenkräfte und der Desorganisation des Staatsgefüges (vermutlich auch infolge von zahlreichen Naturkatastrophen) eine große Überschwemmung voraus – die bekannte Sintflut, die bei allen frühen Völkern als Sage vorhanden ist, und die wahrscheinlich durch das Schmelzen der großen Eisblöcke verursacht wurde. Nach diesen gewaltigen Überschwemmungen – auch durch Vulkanausbrüche, Springfluten, das Auseinanderbrechen von Inseln und das Absinken ganzer Küstenstriche – kam eine Zeit der Rückbesinnung auf die Kräfte der Natur.

Das Wasserzeichen Krebs begünstigt alles Häusliche, Mütterliche, aber auch Gefühle, die aus der Tiefe kommen und in Vollmondnächten zu unheimlichen Orgien führten. Vermutlich herrschte das Matriarchat, wenn man hier überhaupt von einer Gesellschaftsform sprechen kann. Denn die Familie lag wohl im Zentrum des Lebens, und der Versuch, das Leben wieder in normale Bahnen zu lenken. Alles war sumpfig, feucht, fruchtbar und überschwemmt. Aus diesem Sumpf (auch des Geistes und der Gefühle) war schwer herauszukommen. Erst die Ausdauer und Ordnungskraft des Gegenzeichens Steinbock brachte wieder geordnete Verhältnisse. Die Erde wurde in zähem Kampf bebaut, Hütten errichtet, der Wald gerodet, das Sozialleben organisiert. Das war die Voraussetzung für eine Welt der Leichtigkeit und der großen Kontakte.

Das Zeitalter der Zwillinge (−6500 bis −4400):
Sprache, Schrift, Verkehr

Wir sind noch immer in der Steinzeit – jedenfalls nach dem offiziellen Geschichtsbild. Die Grundlage der Ernährung und der Versorgung mit lebensnotwendigen Gütern war gelegt. Der Mensch ging nun hinaus in die Welt, knüpfte Kontakte mit Nachbarvölkern, erfand Sprache und Schrift (und das Zählen), tauschte Waren, Ideen und Menschen. Festgefügte Staatengebilde waren noch nicht vorhanden, aber die Grundlagen dafür wurden in dieser Menschheitsepoche geschaffen.

In der zweiten Hälfte kam das unternehmerische und religiöse Schütze-Zeichen zur Herrschaft. Es entstanden geschlossene philosophische und religiöse Systeme, die dann im darauffolgenden Zeitalter zum Herrschaftsinstrument einer elitären Priesterklasse erstarrten.

Das Zeitalter des Stiers (−4400 bis −2300):
Pyramiden und Mumien

Das Zeichen Stier ist erdig und fest. Dazu würden die riesigen Steinmonumente passen, die über ganz Europa verstreut von gewaltigen baulichen Leistungen künden, und die wir als »Megalith-Kultur« gedanklich zu fassen suchen. Das gleiche gilt für die alten Reiche der Ägypter und der (geschichtlich noch kaum erfaßten) Reiche Mittel- und Südamerikas. Im frühen Ägypten wurde auch der Stier verehrt. Diese Verehrung hielt noch lange an; Moses hatte bei seinem Volk damit zu kämpfen.

Denken wir an Ägypten, haben wir sofort die Pyramiden vor Augen. Und sie sind auch das beste Symbol für die Achse Stier – Skorpion. In die Sprache der Realität übertragen: Stier, das Zeichen der Schönheit und Schwere, der Rituale und des Bestands, stellt seine Energien zur Verfügung den Mächten des Skorpion: Mystik, tiefste religiöse Erfahrungen, und vor allem: Tod.

Die Besessenheit mit dem Tod in der zweiten Hälfte der Stierzeit brachte schließlich auch den Umschwung, als sich ein ganz anderes, sehr diesseitiges Zeichen durchsetzte.

Das Zeitalter des Widders (−2300 bis −150):
Kampf und Gesetze

Individualismus, Kampf und Sport wurden nun zum Zentrum des Lebens, aus dem alles Weibliche weitgehend ausgeschlossen war, ganz im Gegensatz zur vorherigen Zeit. Bei den Assyrern schlug das Widder-Prinzip des Egoismus und der unbekümmerten Aneignung in seiner brutalsten Form durch. In gewissem Sinn knüpften die Römer daran an, wenngleich bei ihnen das Gegenzeichen Waage – Verträge, Ausgleich, Versuch der Harmonie – schon wirksam wurde. Auch die anderen antiken Völker – Perser, Phönizier und Juden – führten ein Leben des Kampfes und des ständigen Eroberns und Erobertwerdens.

Die alten Griechen verkörperten die Mischung aus beiden Zeichen in idealer Weise. Einerseits die Begeisterung für Kampf und Sport, aber auch die Freiheit des Menschen (des Mannes), die Kameradschaft und Freundschaft, der Individualismus und die Unbekümmertheit auch in philosophischen Dingen. Andererseits der Versuch, das Leben durch Gesetze, Formen und Kunst in geordnete Bahnen zu lenken. Noch heute bewundern wir an den Griechen ihre Originalität im Denken und Handeln (Widder-Prinzip) und ihre wunderbar harmonischen Statuen und Gebäude (Waage-Prinzip).

In der Widder-Zeit wurde der Widder Symbol der Verehrung und des Opfers. Kain opferte ein Lamm. Das Goldene Vließ eines heiligen Widders war Ziel einer großen Reise griechischer Helden, und der Widderkopf wurde zum Symbol und Hauptinstrument des Rammbocks.

Das Zeitalter der Fische (−150 bis 1950):
Mystik und Geschäfte

Die ersten Christen hatten als geheimes Erkennungszeichen den Fisch. Jesu Jünger waren Fischer; er selbst bezeichnete sich als Menschenfischer. Bei seiner Predigt am See Genezareth, als seine Zuhörer allmählich hungrig wurden, zauberte er für sie Brot und Fische. Das Leiden der stummen Kreatur – der Fische – wurde zum Inhalt frühchristlicher Mythen.

Und auch das Element der Fische, das Wasser, war für die Christen von besonderer Bedeutung. Ihr Initiierungs-Ritus, die Taufe, benutzte das Wasser als Element der Reinigung und Einweihung. In der ersten Hälfte der Fische-Zeit war man dem Wasser auch recht zugetan – in den Badeanstalten, in denen sich Männlein und Weiblein lustig wie die Fische im Wasser tummelten und es sich gutgehen ließen. Erst die Syphilis machte diesem feuchten Treiben ein Ende.

In der zweiten Hälfte der Fische-Zeit kam das Gegenzeichen Jungfrau zum Zug. Jungfräulichkeit bei den Frauen wurde zum Ideal. Das Jungfrau-Prinzip des Zerlegens in kleinste Teile, der nüchternen Analyse und des bescheidenen Arbeitswillens feierte in Wissenschaft und Technik Triumphe. Einen der höchsten Triumphe erleben wir heute, in den Mikroprozessoren der Computer. Dort wird die gesamte Welt in die kleinstmöglichen Bestandteile zerlegt – in Bits. Das sind Leibniz' Monaden: Sie sind vorhanden oder nicht. Weitere Eigenschaften haben und brauchen sie keine. Eine ausführliche Beschreibung des Fische-Zeitalters geben wir im nächsten Kapitel.

Das Zeitalter des Wassermanns (1950 bis 4100): Magie und Computer

Die Geistigkeit und Weitsicht dieses Luftzeichens bewirkt einen ungeheuren Aufschwung der magischen Künste im Zeichen nüchterner Wissenschaftlichkeit. Der ex-zentrische Mensch dieser Zeit zieht durch die Welt auf der Suche nach seinem Zentrum, das er aber nur im Ideal des Gegenzeichens Löwe findet (und in der Verklärung der atlantischen Epoche, die jetzt wiederentdeckt wird).

Auf dem Weg zum unerreichbaren Ziel wird der Mensch des Neuen Zeitalters ungeahnte Entdeckungen machen. Er wird Körper, Seele und Geist in einer Weise zu Höchstleistungen anstacheln, die nie zuvor möglich waren (und nie wieder erreicht werden). Magie, Zauberei, Überwindung des Todes, bewußt gesteuerte Wiedergeburt, die Beherrschung der Umwelt durch die Kraft des Geistes – das sind nur einige der Errungenschaften dieser ebenso faszinierenden wie chaotischen Zeit. Auf der Suche nach sich selbst wird der Mensch schreckliche seelische Katastrophen erleben. Er wird in Schizophrenie und Verfolgungswahn stürzen, wird total durchdrehen, aber durch die Kraft brüderlicher Liebe wieder ins Lot kommen.

In der zweiten Hälfte der Wassermann-Epoche wird das Gegenzeichen Löwe stärker zum Durchbruch kommen und das überwältigende alltägliche Chaos mit der Kraft seiner Autorität organisieren. Macht, Energie und die strahlende Persönlichkeit des Atlantis-Menschen werden ebenso dominieren wie Arroganz, Autorität und gleichgültige Menschenverachtung.

Am Ende der Wassermannzeit wird es möglicherweise zu einer ähnlichen Katastrophe kommen wie am Ende der Löwe-Zeit, nur mit anderen Vorzeichen. Die Erde ist vertrocknet, Wasser knapp, die letzten Wälder fangen an zu brennen, und der Brand kann nicht mehr gelöscht werden. Ähnlich wie in der Apokalypse des Johannes wird die Welt in einem natürlichen Holocaust zusammenbrechen. Eine nukleare Katastrophe ist dazu nicht nötig. Und nur die wenigsten werden die Hölle der geschändeten Natur überleben.

Das Zeitalter des Steinbocks (4100 bis 6700):
Der harte Kampf ums Überleben

Nur ein so zähes Wesen wie der Steinbock (das gilt wörtlich und im astrologischen Sinne) kann die Katastrophe der Apokalypse überleben. Diese letzten Überlebenden werden sich mit ungeheurer Zähigkeit an die letzten Erdschollen klammern und sie wieder fruchtbar machen. Ein Leben der Entbehrung, der Trockenheit und des kargen Daseinskampfes wird die Erde wieder bewohnbar machen.

In der zweiten Hälfte der Steinbockzeit werden die Eigenschaften des Gegenzeichens Krebs durchbrechen. Die Erde wird wieder voll Wasser sein. Gefühle werden zugelassen; die Härte des Daseinskampfes weicht der mütterlichen Fürsorge im kleinen Familienkreis. Die Besinnung auf die eigene Vergangenheit, auf Gefühle, Kindheit und Seele wird die Welt wieder weich und wässrig machen.

Das Zeitalter des Schützen (6700 bis 8800):
Weltraumfahrt und interstellare Kontakte

Jetzt endlich, im Zeichen des weitläufig denkenden und handelnden Schützen, kann der Mensch nach den Sternen greifen und die Bemühungen vom Anfang der Wassermannzeit zum erfolgreichen Abschluß bringen. Mit kühnem Schwung, mit Weitblick und Optimismus werden die Menschen daran gehen, Kontakte über den Mutterplaneten Erde hinaus zu knüpfen. Die Science-Fiction-Erzählungen vom Ende der Fischezeit werden nun endlich wahr. Interstellare Flüge, fremde Planetensysteme, ferne Galaxien – sie alle liegen nun in Reichweite einer wirklich erwachsen gewordenen Menschheit.

Im Gegensatz zum weitblickenden, aber richtungslosen Wassermann setzt sich der Schütze Ziele, die er konsequent und mit ungeheurem Schwung verfolgt. Sind diese Ziele erreicht – extraterrestrische Basen erbaut, interstellare Handelskontakte etabliert, intergalaktische Kommunikationszentren errichtet –, dann kann das Gegenzeichen Zwillinge zum Zuge kommen. Die kleinen Verbindungen und Handelswege werden nun wichtig.

Ein Kultur-, Waren- und Gedankenaustausch von nie gekannter Weite setzt sich durch, eine galaktische Kultur entsteht durch Vermischung der vielfältigsten Lebensformen unserer Milchstraße.

Damit wollen wir die Schau in Vergangenheit und Zukunft beschließen. Man könnte beliebig fortfahren, immer mit der gleichen Sicherheit der Prognose. Denn im Gegensatz zu anderen prognostischen Verfahren sind die Voraussagen der Astrologie unabhängig von den gegenwärtigen Zuständen oder vom heutigen Wissen. Im nächsten Kapitel erforschen wir unsere unmittelbare Vergangenheit und die Zukunft der kommenden Zeit mit den Verfahren der Astrologie, durch die Kombination aus Feldern und Tierkreiszeichen.

Im Zeichen
des Wassermanns

Magie und Wissenschaft

> Es geht nicht mehr darum, die Rechte
> des Individuums zu verteidigen,
> sondern das Potential der Person
> zu erforschen.
>
> *Theodore Roszak*

Obwohl viele beim Namen »Wassermann« an Arnold Böcklins
buntes Gemälde mit Meermännern und Nixen denken, ist dieses
Bild falsch. Denn Wassermann ist ein Luftzeichen. Der Sage
nach bringt der Wasserträger (so seine korrekte Bezeichnung)
zweierlei Wasser in seinen beiden Fässern: das Wasser des
Lebens und das Wasser des Todes.

Sein Symbol, die beiden übereinanderliegenden Wellenlinien,
wirkt recht modern. Es kann ebenso »Wasserschutzgebiet« bedeuten wie »Wechselstrom«. Letzteres würde den Kern dieses
schillernden Zeichens gut treffen – denn es hat keinen Kern. So
wie der Wechselstrom immer um ein Zentrum oszilliert, das er
nur kurz streift, so sucht der Wassermann ständig sein innerstes
Wesen, das er aber nicht hat. So gerät er manchmal in Zustände,
die der Schizophrenie, der seelischen Gespaltenheit nahekom-
men, obwohl er meistens durchblickt und über seinen Zustand
Bescheid weiß.

Immer ist der Wassermann freiheitsliebend. Er setzt sich für
die Unterdrückten ein, ist weitblickend, seiner Zeit voraus,
exzentrisch, manchmal arrogant. Traumberufe des Wassermanns haben mit Flugzeugen, Computern und internationalen
Schaltzentralen zu tun. Immer ist der Wassermann eine Art
Zauberer, ein moderner Magier, einer, der alle verblüfft und

dann augenzwinkernd erklärt, daß das jeder kann. – Hier einige berühmte Männer, die unter diesem Zeichen geboren wurden:

Galilei: Mit seiner nüchternen Methode des Messens, Wägens und Zählens begründete er die moderne Physik.

Darwin: Durch stetige, nüchterne Beobachtung gelangte er zur Evolutionstheorie.

Mozart: In seiner Musik finden wir das Motiv der brüderlichen, allumfassenden, aber eher distanzierten Liebe, die die Menschen erlöst. Kein Wunder, daß es heute ein »Mozart-Revival« gibt – und daß die dämonisch-perverse Seite seiner Persönlichkeit dabei nicht verschwiegen wird.

Friedrich der Große: Wie viele Wassermann-Politiker war er eine Integrationsfigur für sein Volk. Im Siebenjährigen Krieg hatte er Erfolg durch Abwarten, Ausharren und Nichtstun. Er schaffte die Hexenprozesse ab und gab seinen Bürgern Freiheit – in Maßen.

Jules Verne: Seine Voraussagen sind teilweise frappierend – seine Vorurteile (z. B. gegen die Deutschen) auch.

Bert Brecht: In seinen Dramen taucht oft das Thema des gespaltenen Menschen auf (»Der gute Mensch von Sezuan«, »Herr Puntila und sein Knecht Matti«).

Edison: Er war zwar nicht erleuchtet, leuchtete aber den Amerikanern heim. Als Erfinder der Glühlampe, des frühen Plattenspielers und vieler anderer Geräte (unter anderem des elektrischen Stuhls) machte er unsere Zivilisation erst richtig möglich.

Lincoln: Er wußte, daß Amerika in Zukunft nur dann stark sein konnte, wenn alle Staaten zusammenhielten. Außerdem befreite er die Sklaven – ob aus tiefer Menschlichkeit oder aus politischen Gründen, darüber streiten die Gelehrten.

Franklin Roosevelt: Auch er einte das Volk und führte es aus der Wirtschaftskrise. Die Bedeutung des Kriegs mit Japan und der Atombombe war ihm voll bewußt.

Reagan: Möglicherweise wird er in Zukunft ähnlich beurteilt werden wie Roosevelt. Auch bei ihm sind starre geistige Vorbehalte – ja, Vorurteile – deutlich sichtbar.

In der Literatur über das Neue Zeitalter (das ja auch »New Age« genannt wird) dominiert derzeit der Begriff »Transformation«. Dieser Ausdruck ist aber nicht typisch für das Zeichen Wassermann und die folgende Zeit. Es ist nur typisch für die Periode des Übergangs, in der wir uns gerade befinden. Denn Wassermann ist normalerweise stabil, bis es zu einer abrupten Katastrophe kommt. Viel charakteristischer ist die geistige Erfassung und Durchdringung der Welt. Überspitzt formuliert: Realität ist das, was in meinem Kopf ist.

Mit einer solchen Anschauung werden, in Kombination mit dem Fortschritt der Wissenschaft, Zauberei und Magie auf ganz natürliche Weise möglich. Das haben auch die Physiker erkannt. Bei der Erforschung quantenphysikalischer Phänomene – also der Vorgänge in der Welt der Elementarteilchen – kamen sie zu so seltsamen Ergebnissen, daß die meisten Wissenschaftler die Augen davor verschließen und sich hinter Formeln und Meßergebnissen verstecken.

Angefangen hat es mit einem berühmten Gedankenexperiment von Einstein und Kollegen aus dem Jahr 1935, das 1964 von einem Physiker namens Bell zu einem bemerkenswerten Beweis ausgebaut wurde. Mit einigen ganz einfachen Annahmen konnte Bell zeigen, daß jedes Ereignis mit jedem anderen auf irgendeine mysteriöse Art verbunden ist. Die Verbindung ist augenblicklich und über jede Entfernung gleich stark. Und sie ist immer da, bei allen Objekten, die irgendwann einmal miteinander etwas zu tun hatten.

Das bedeutet mit anderen Worten: Jeder meiner Gedanken beeinflußt auf subtile Weise den gesamten Kosmos. Gehen wir noch einen Schritt weiter, können wir sagen: Meine Gedanken *schaffen* einen Kosmos. Und das ist nichts anderes als Magie – wissenschaftlich fundiert.

In ganz anderer Form hat dies der geniale Satiriker und Mystiker Gustav Meyrink vorausgesehen. In seinem bereits 1916 erschienenen Roman »Das Grüne Gesicht« (ein Schlüsselroman für das kommende Zeitalter!) beschreibt er die Macht der Gedanken:

Was einmal entstanden ist, kann nur scheinbar verschwinden.

So ein Loch in das Netz zu reißen, in dem die Menschheit sich
verfangen hat, – nicht durch öffentliches Predigen, nein: indem
ich selbst der Fessel entrinne, das ist's, was ich will.

Auch Teilhard de Chardin sagt das gleiche mit ähnlichen Worten:

Wird eine Wahrheit erst einmal erkannt – auch nur von einem
einzigen Geist –, so kann ihr am Ende die Gesamtheit des
menschlichen Bewußtseins nicht mehr ausweichen.

Dieses unerschütterliche Vertrauen in die Macht des Geistes
ist typisch für das Zeichen Wassermann. Es wird die Welt und
die Menschen grundlegend verändern. So weit sind wir aber
noch nicht. Denn die Ganzheit des Kosmos ist – bisher jedenfalls
– tief versteckt und durch physikalische Meßgeräte nicht nachweisbar. Schon Meyrink wußte das:

»Das Reich der wahren Ursachen ist verborgen. Wenn es uns
gelingt, bis dorthin vorzudringen, werden wir zaubern können.«

Und vielleicht gelingt es uns über die subtilen Kräfte des
Geistes. Mit dem Nachweis dieser Kräfte wird der Mensch sich
nicht begnügen. Er wird diese Kräfte ausnützen und den Zielen
verfügbar machen, die das kommende Zeitalter beherrschen
werden: Vergnügen (siehe Feld 5), die Mobilisierung tiefverborgener Kräfte (siehe Feld 10), die Organisierung weltweiter Bruderschaften des Geistes (siehe Feld 11).

Ein Weg dazu ist den Menschen schon seit Jahrtausenden
bekannt. Die Namen sind verschieden, die Methoden auch, das
Resultat das gleiche. Ob durch Meditation, durch Askese, durch
Fasten, durch den Einfluß von Drogen oder außergewöhnlichen
Erlebnissen – das angestrebte Ergebnis ist immer ein Zustand der
Erleuchtung, in dem die Seele eins ist mit dem Kosmischen
Bewußtsein und durch dieses Einssein Raum, Zeit und Tod
überwinden kann. Der Mensch wird dadurch unsterblich, allwissend und allmächtig – er wird zum Gott.

Genau das wird im Zeitalter des Wassermanns geschehen.
Doch im Gegensatz zu früheren Menschheitsepochen, wo diese
Erlebnisse und Errungenschaften einer kleinen Elite außergewöhnlicher Individuen vorbehalten waren, wird jetzt jeder am

universellen Wissen partizipieren. »Wie werde ich zum Gott« in 10 Lektionen, als Fernlehrgang an der örtlichen Volkshochschule – das wird zum nüchternen Alltag des kommenden Zeitalters. Und die Mittel dazu werden teils geistig-seelischer Natur sein, teils technischer (Biofeedback, Computer und andere). Magie und Wissenschaft – so könnte man das Jahrtausend des Wassermanns charakterisieren. So jedenfalls hat es Marilyn Ferguson in ihrem Buch über die Verschwörung im Zeichen des Wassermanns getan.

In allen Fällen ist der Schlüssel zur Erleuchtung – und in ihrem Gefolge zur Magie – sehr einfach. Wilson, Meyrink, der Zen-Buddhismus und indische Weise drücken es fast alle auf die gleiche Weise aus:

Wachsein ist alles. (Meyrink)
Ein gesunder Mensch ist einer, der voll erwacht ist.   (Wilson)

Erleuchtet sein heißt wach sein in der Gegenwart.
(indische Weisheit)

Du bist bereits erleuchtet, brauchst nur noch zu erwachen, um es zu erkennen.   (Zen-Buddhismus)

Der Mensch des Wassermann-Zeitalters wird keine Zeit (und keine Lust) zum Schlafen haben. Viel zu aufregend ist die Welt, viel zu faszinierend sind die Entdeckungen auf der Reise nach innen, viel zu wenig Zeit ist dafür da! Er wird, nach Ferguson, »das Gefühl des Erwachens nach jahrelangem Schlaf« haben, und die Erkenntnis wird ihn befreien. Wir werden uns im Zeichen des Wassermanns von Colin Wilsons Parasiten des Geistes – die keine fremden Wesen sind, sondern unsere eigenen Ängste, Vorurteile und Zweifel – befreien und Anschluß finden an das Kosmische, Ewige, All-Verbrüdernde. Dann endlich wird die christliche Nächstenliebe Wirklichkeit werden und Einsteins Programm Ziel der Menschheit:
Unsere Aufgabe ist es, uns aus dem Gefängnis unserer Illusion – daß jeder für sich lebt – zu befreien, indem wir den Kreis

unseres Mitgefühls auf alle lebenden Wesen ausdehnen und auf
die Gesamtheit der Natur in all ihrer Schönheit.

Colin Wilson hat in seinem Science-Fiction-Roman »Parasiten des Geistes« diesen Befreiungsprozeß des menschlichen Geistes als spannendes Abenteuer beschrieben. Bei ihm wird der Mensch von außerirdischen Geist-Parasiten gefangengehalten. Den menschlichen Geist beschreibt er so: »Der menschliche Geist ist wie ein riesiges Elektronengehirn mit den ungewöhnlichsten Eigenschaften. Unglücklicherweise wissen wir nicht, wie wir es bedienen sollen.« Wir werden es wissen!

Neben der Magie werden auch ungewöhnliche Reisen durch Raum und Zeit möglich sein. So werden außerkörperliche Erfahrungen zum alltäglichen (oder allnächtlichen) Spaziergang durch die verschlungenen Wege alternativer Welten. Reisen in Vergangenheit und Zukunft werden eigenartige und paradoxe Zustände hervorrufen. Wer von diesen Reisen zurückkommt, findet möglicherweise eine veränderte Welt – oder ein verändertes Ich – vor, was den Tendenzen des Wassermann-Menschen zum Durchdrehen nur noch mehr Vorschub leistet.

Die Frage ist nur, was die Menschen mit diesem Wissen und Können anfangen werden. Wassermann ist ein nüchternes, weitblickendes, kameradschaftliches, aber eher kühles Zeichen mit festen Ansichten und einem unbändigen Drang nach Freiheit. Die Befreiung des Menschen von Unterjochung, die Befreiung des Geistes vom Körper, die Befreiung des Bewußtseins aus den Fesseln von Raum und Zeit – das sind Ziele, die ihn faszinieren, für die er kämpft, für die er sich aufopfert. Doch wenn die Freiheit da ist – was dann?

Der Mensch der Zukunft kann zwar ungeheure Kräfte in sich und in der Welt mobilisieren, aber sein innerstes Wesen, sein Zentrum, den Kern der Persönlichkeit findet er nicht. Die Suche nach dem integrierten Menschen wird Leitmotiv und unerreichter Traum des Wassermannzeitalters bleiben.

»Ich wußte, das war ich« heißt es bei Colin Wilson (»Parasiten des Geistes«), nachdem die Parasiten ausgeschaltet waren.

»Nicht mein Geist, denn das Wort ›mein‹ trifft nur einen Bruch-
teil meines Wesens. Es war mein ganzes Ich.« Ein schöner
Traum!

Und dieser Traum wird – zusammen mit der Entfesselung
tiefster Kräfte durch die Politiker der Zukunft – zu ebenso
faszinierenden wie chaotischen Zuständen führen. Nicht nur
einzelne Menschen, nicht nur Gruppen gleichgesinnter Sucher,
auch ganze Völker werden weltweit zeitweise in Bewußt-
seinskrämpfe verfallen, »austreten« aus der Welt der Realität und
auf diese Weise andere geistig anstecken. Ungeheure Seuchen des
Bewußtseins werden um sich greifen, die wir heute noch nicht
beschreiben können, weil uns die Vorstellung und die Worte
fehlen.

Solche Seuchen sozialer und geistiger Natur hat es schon
gegeben. Denken Sie an den Hexenwahn, den Irrsinn des Fa-
schismus, den kollektiven Verfolgungswahn der Stalinzeit. Aber
jetzt wird dieser Wahnsinn nicht von außen gelenkt, nicht durch
reale Ereignisse ausgelöst, sondern allein durch die ungeheuren
Energien, die der Mensch sich selbst erschließt, und die ihn von
Zeit zu Zeit überwältigen. Regulative fehlen ihm, Gewissens-
bisse oder einschränkende Weltanschauungen hat er nicht. Was
den Geist befreit, ist gut; was geschieht, egal. Der Mensch der
Wassermannzeit denkt nicht an morgen, da er ja bereits im
Morgen lebt. Und seine Brüder, denen er vertraut, denen er
verbunden ist, sie werden ihm schon helfen. Was sie auch tun –
wenn sie können.

Im positiven aber werden Menschen entstehen, die der weit-
blickende SF-Schriftsteller, Sozialkritiker und politische Utopist
H. G. Wells in seinem Roman »Menschen Göttern gleich« so
beschreibt:

*Sie waren klar, offen und gerade. Ironie, Versteckttheiten,
Unaufrichtigkeit, Eitelkeit und die Aufgeblasenheit irdischer
Konversation schienen ihnen unbekannt zu sein.*
*Die weitaus größte Zahl der Utopen ist aktiv, warmherzig,
erfinderisch, empfänglich und gut gelaunt.*

Und Marilyn Ferguson sagt über den Menschen der Zukunft:

Er respektiert sowohl Aufklärung als auch Mysterium...
Macht und Menschlichkeit... gegenseitige Abhängigkeit und
Individualität.

Die Gespaltenheit des Chaos

Ich war zwei Menschen.
Einer stand neben mir und
sah den anderen an.

Patientin nach hypnotischer
Rückführung in die Kindheit

Die Wandlungen des Menschen spiegeln sich in der Wandlung seiner Weltanschauung. Und da die Kultur des ausklingenden Abendlands hauptsächlich von den Erkenntnissen der Wissenschaft und Technik geprägt wurde, kann man auch hier am besten sehen, was geschieht und was geschehen wird. Die New-Age-Advokaten erfanden dafür das abscheuliche Wort »Paradigmenwechsel«. Was nichts anderes bedeutet als eine Änderung der grundlegenden Auffassung von Wirklichkeit, Machbarkeit und Menschtum.

Wir finden diesen Wandel der Weltanschauung auch in der abstraktesten aller Künste, der Mathematik, und in der exaktesten aller Wissenschaften, der Physik. Beide Bereiche des abendländischen Denkens gingen von Anfang an eine glückliche geistige Ehe ein. Sie haben sich immer gegenseitig befruchtet, und viele Physiker entwickelten mathematische Theorien, weil sie diese zur Beschreibung neuentdeckter Phänomene brauchten.

Es verwundert nicht, daß der geniale Newton sowohl das universelle Gravitationsgesetz entdeckte als auch die dafür notwendige Mathematik – die Infinitesimalrechnung – entwickelte. In dieser Rechnung gibt es keine Lücken. Alles wird erfaßt, auch das unendlich Kleine. Die Natur wird zum großen Uhrwerk, deren Gesetzen sich alles beugt.

Im Gegensatz dazu ist die Gegenwart fasziniert von den Theorien über *Chaos* und *Katastrophen*. In den einfachsten mathematischen Formeln, in den simpelsten physikalischen Prozessen entdeckten die Mathematiker eigenartig chaotische Zustände, die bei genauerer Analyse wieder wundervolle Formen erkennen ließen. Die Beschäftigung mit diesen Phänomenen ist ein ästhetisches Erlebnis ersten Ranges. Wer einen Heimcomputer besitzt, kann das »sensible Chaos« des sogenannten Apfelmännchens selbst erforschen. Jede Vergrößerung dieses unendlich komplexen Gebildes (das aber ganz einfach erzeugt wird) offenbart neue Strukturen: Spiralen, Seepferdchen, Augen, Quallen, Pilze, Ranken, Fadenwürmer, Algen, Kaktusknospen, aber auch Spiralnebel, Kirchenkuppeln, Sanddünen, Sternenstaub und Bogengänge, und was immer man darin an bekannten Formen sehen mag.

Doch alles ist zerrissen, gespalten, chaotisch, und dennoch ästhetisch, geordnet, einem unbegreiflichen Gesetz gehorchend. Jede Struktur, die sich ergibt, birgt neue Überraschungen, bringt faszinierende Muster ans Tageslicht, präsentiert unerwartet Altbekanntes. Trotz der Einfachheit der mathematischen Beziehung (die jedes Schulkind begreift) kann man nie voraussagen, was sich ergeben wird. Und alles spaltet sich irgendwann in tausend neue Teile.

Genauso ist der Mensch des Wassermannzeitalters: chaotisch und dennoch von einer inneren Ordnung beherrscht (die er aber selbst nicht kennt), überraschend, faszinierend und vielfach gespalten. Das kommt auch in den psychologischen Experimenten durch, die an mehreren Forschungsstätten durchgeführt werden. Der Psychologe Jean-Roch Laurence von der Universität Waterloo in Kanada beispielsweise entdeckte das Phänomen des versteckten Beobachters. Eine zweite Persönlichkeit übernimmt die Kontrolle, sobald jemand dazu nicht mehr fähig ist, beispielsweise, weil ihm suggeriert wird, er wäre ein Kind oder ein Säugling.

Damit erhält der Mensch die Möglichkeit der induzierten Schizophrenie. Auf gut deutsch: Er kann Zustände seelischer Gespaltenheit mit einfachen Mitteln bei anderen und bei sich selbst hervorrufen. New-Age-Adepten behaupten ja, jeder Mensch hätte mehrere Begleiter, das sind die modernen Ausgaben der christlichen Schutzengel. Und sie üben offenbar ähnliche Funktionen aus.

Manchmal wirkt sich die Gespaltenheit so aus, daß die »linke Hand nicht weiß, was die rechte tut«. Ein Beispiel ist der Zustand namens Amnesie (Vergessen), der hypnotisch erzeugt werden kann. Der Mensch vergißt dann das, was noch immer im Gedächtnis gespeichert ist. »Gehirnwäsche« ist ein anderer Ausdruck für diese Technik. Doch verbinden wir damit üble Machenschaften à la »1984«. Gehirnwäsche kann aber auch genau das bedeuten, was der Name sagt: eine Reinigung des Gehirns und damit der Seele.

Die Möglichkeit der hypnotischen oder sonstigen Beeinflussung des Gedächtnisses erlaubt uns auch das, was in Orwells »1984« tagtäglich praktiziert wird: die Änderung der Vergangenheit. Indem man dem Patienten eine andere Kindheit suggeriert, wird er dadurch ein anderer Mensch. Doch die Erinnerungen an die »echte« Kindheit sind noch da – oder nicht? Aber was ist überhaupt »echt«?

Mit diesem Problem wird sich der Mensch des Wassermannzeitalters sein Leben lang herumschlagen. Vor allem wird er die Vielfalt seiner Persönlichkeit auch als Vielfalt von Personen erkennen. Das Phänomen der »multiplen Persönlichkeiten« wird gerade untersucht. Nicht nur unheimliche Massenmörder leiden darunter. Auch ganz normale Personen haben in sich mehrere seelische Mitbewohner, die plötzlich die Kontrolle übernehmen können. Der Umwelt erscheint dieser Mensch als launenhaft; er selbst bemerkt vielleicht gar nichts. Höchstens in seinen Träumen kommt ihm eine Ahnung seiner vielfachen Gespaltenheit. Bis er dann als »multiphrene« Person diagnostiziert wird und unter ärztlicher Anleitung mit seinen zahlreichen Ichs Frieden schließt.

Alle Menschen werden Brüder...

In unserer Zeit wird ein geheimes
Manifest geschrieben. Die Welt wird es
nie in Form von bedruckten Seiten zu
sehen bekommen. Keine Massenbewe-
gung
wird es je auf ihre Fahnen schreiben.
Seine Sprache ist die Sehnsucht,
die wir einander von den Augen ablesen.
... Wir werden einander in echter
Verbundenheit begegnen.

Marilyn Ferguson

Ein weiterer Aspekt der kommenden Zeit wird von Ferguson
und anderen Autoren ausführlich beschrieben, und er ist gegenwärtig sehr deutlich zu sehen. Gemeint ist die Dezentralisierung,
die informelle Vernetzung der Welt. Es entstehen typisch was-
sermännische Freundschaftsbünde, ohne hierarchische Gliederung, ohne Aufnahmezeremonie, ohne Wahl, ohne Vorausset-
zungen. Tatsächlich existiert schon ein internationales Netz von
– ja, wovon?

Ferguson nennt es eine Verschwörung, nimmt aber den englischen Ausdruck – »conspiracy« – wörtlich. Und das bedeutet:
zusammen atmen. Besser könnte man diesen wichtigen Aspekt
des Zeichens Wassermann kaum beschreiben. Denn Wassermann ist ein Luftzeichen, und Luft ist das, was wir zum atmen
brauchen. Wassermann ist ein brüderlich-kameradschaftliches
Zeichen, und darum atmen wir zusammen.

Weil es aber keine Konventionen gibt, kann jedermann und
jedefrau der Atembrüderschaft beitreten. Er braucht nicht einmal um Aufnahme zu bitten, ja, er braucht die Brüderschaft gar
nicht zu suchen. Sie ist überall und nirgends. Sie hat kein
Zentrum, keine Statuten, keine Lokalbüros. Wer dem Geist der
Neuen Zeit gegenüber offen ist, der findet sofort Anschluß.

Denn der Nachbar, das Gegenüber in der Straßenbahn, der Fremde im Zug – sie alle gehören dazu. »Transzendierende«, sagt Ferguson, »fühlen sich unwiderstehlich voneinander angezogen.« Und Meyrink drückt es in seinem »Grünen Gesicht« so wunderbar aus:

Mit dem heutigen Tage bist du aufgenommen in unsere Gemeinschaft und ein neuer Ring in der Kette, die von Ewigkeit zu Ewigkeit reicht.

Ein solches internationales Netzwerk – wir werden das Thema bei der Beschreibung des 11. Feldes nochmals aufgreifen – wird auch die politische Landschaft, das Zusammenleben der Menschen auf globaler Basis, die wahren Machtverhältnisse grundlegend ändern. Was immer auch die Politiker der Zukunft tun werden (und sie werden Schlimmes tun) – es hat keine große Wirkung. Die internationale Brüderschaft wird die Geschicke der Menschen auf unkonventionelle, formlose, brüderliche Weise lenken, ohne Wahlen, ohne Mehrheitsbeschlüsse, ohne Mißtrauensvoten, ohne gesetzliche, demokratische, bürgerliche oder sonstige Legitimation. Allein der Gedanke an das Wohl des Menschen, an die umfassende Kameradschaft aller Lebewesen, wird Leitbild und Ziel dieser Menschenbrüder sein.

Ken Wilbur beschreibt in seiner »Halbzeit der Evolution« diese Menschen so:

Sie werden beginnen, ihr gemeinsames Menschsein und ihre Brüderschaft/Schwesterschaft besser zu verstehen; sie werden die ihnen durch die natürlichen körperlichen Unterschiede von Hautfarbe und Geschlecht mitgegebenen Rollen transzendieren. Sie werden in jeder einzelnen Seele, ja, in der ganzen Schöpfung dasselbe BEWUSSTSEIN sehen und dementsprechend handeln.

Eine besondere Form des Netzwerks, die jetzt schon existiert und von typischen Wassermännern gegründet wurde, ist das Netz der *Hacker*, der Computer-Freaks, die – aus ideologischen Gründen – den Code von Bankcomputern, Superrechnern und militärischen Anlagen knacken, die Datenbanken der Polizei mit

Computer-Viren verseuchen und den Mächtigen das Fürchten lehren. Sherry Turkle hat die Ideale und Verhaltensregeln dieser Menschen in ihrem Buch »Das Zweite Ich« sehr anschaulich geschildert. Auch hier ist der Titel bezeichnend: Das erste – einzige? – Ich reicht nicht. Das Doppelwellensymbol des Wassermanns braucht eine Ergänzung. Und diese Ergänzung ist der Computer.

Natürlich kommen hier auch Allmachtsträume durch, doch sie sind für das kommende Zeitalter normal. »Viele«, schreibt Turkle, »erleben das Programmieren eines Computers als das Schaffen einer eigenen Welt.« Also auch hier das gleiche Prinzip: Der Gedanke erschafft die Wirklichkeit, und diesmal wörtlich, sichtbar, nachprüfbar – und äußerst befriedigend. Denn er verleiht die Macht des Magiers. Turkle über einen jugendlichen Programmierer: »Wenn er einen Befehl eingibt, setzt er eine Kraft frei, er beschwört seine eigenen magischen Kräfte herauf.«

Die Gefahren einer solchen Weltanschauung und Beschäftigung sind allerdings nicht zu übersehen. Wer zu tief in die Welt der Künstlichen Realitäten einsteigt, verliert allmählich den Blick für die »wahre« Wirklichkeit. Doch ich habe das »wahr« absichtlich unter Anführungszeichen gesetzt. Denn das wollte schon der römische Statthalter Pilatus von Jesus wissen. »Was aber«, fragte er ihn, »ist Wahrheit?« »Was ist Realität?« – so lautet nicht nur der Titel eines hochinteressanten Buchs über die Probleme der modernen Quantenphysik, sondern auch ein Comic über Alternativwelten. Die Frage ist berechtigt, und sie wird zu einer der zentralen Fragen der kommenden Zeit werden.

So gibt es eine Anekdote über einen besonders eifrigen Liebhaber des Video-Spiels »Dungeons and Dragons« (Kerker und Drachen). Angeblich verlor er den Kontakt zur Realität völlig, suchte seine Fantasiewelt in der Wirklichkeit und ward zuletzt gesehen, als er das Kanalsystem seiner Stadt erforschte. Dort soll er heute noch verschollen sein.

Die Anekdote ist nur ein Werbegag der Spielefirma, aber ein bezeichnender. Die Amerikaner machen uns die Verwischung von Elektronik und Realität ja schon vor. Bei ihnen hat sich der Krieg in Vietnam auf dem Fernseher und in den Simulationsprogrammen der Pentagon-Computer abgespielt. Zu dumm, daß die Wirklichkeit anders war. Doch die Amerikaner reagierten auf die nicht gewollte, nicht logische, nicht akzeptable Realität des verlorenen Krieges konsequent: Sie ignorierten sie. Bis heute.

Zurück zu den Hackern. Die Hacker-Kultur entstand am renommierten amerikanischen Massachusettes Institute of Technology, abgekürzt MIT. Dort wurde das erste Computer-Betriebssystem für den Time-Sharing-Betrieb entwickelt. Mehrere Benutzer teilten sich, durch winzige Zeitabschnitte voneinander getrennt, den gesamten Computer. Und dort fanden junge Männer (fast nie Frauen!) Zugang zu einer faszinierenden Welt der Bits und Bytes, der winzigen Informationseinheiten und mächtigen Computerbefehle. Sie drangen in andere Programme ein, brachten das System zum Stillstand, schickten obskure Botschaften an nichtsahnende Teilnehmer. Nicht aus Bosheit, Zerstörungswut oder Gewinnstreben, sondern einzig, um dem Computer eins auszuwischen, oder, um eine Art Kunstwerk zu schaffen – das Programm, das andere überlistet.

In dieser fruchtbaren Atmosphäre spielerischer Anregung entstand eine Legende vom Kampf der Anhänger einer bösen Sprache – sie heißt PASCAL – gegen die Anhänger einer guten Sprache – sie heißt LISP. Vorbild war George Lukas' Science-Fiction-Trivial-Epos »Krieg der Sterne« (Star Wars), und so heißt das Epos der Hacker auch konsequenterweise »Software Wars« (etwa: Krieg der Programme oder Programmiersprachen).

Und die Saga beginnt mit den Worten: »Vor langer Zeit, an einem weit entfernten Ort, wurde die Datenverarbeitungsgalaxie durch die bösen Mächte des PASCAL-Reiches beherrscht.« Wie die Guten siegen, braucht uns hier nicht zu interessieren. Doch die beiden Programmiersprachen – sie existieren wirklich; fast jeder, der mit Computern zu tun hat, kennt sie – repräsentieren tatsächlich zwei ganz verschiedene Welten. Sie markieren in gewissem Sinn den Übergang der Alten in die Neue Zeit.

PASCAL ist »strukturiert« (das jedenfalls steht in allen Lehrbüchern, und das zeichnet die Sprache aus). Man muß sich vorher alles überlegen. Es gibt genau festgelegte Datentypen – Buchstaben, Texte, Zahlen usw. Individualismus, originelle Konzepte, Ausweichen auf andere Ebenen – das ist hier nicht gefragt. Alles ist geordnet, sauber, in Blöcke eingeteilt, übersichtlich und klar. Auch langatmig und langweilig. PASCAL repräsentiert für die Hacker die Uniformität der Massenkultur. Und ein Wassermann ist weder uniform noch Masse!

LISP dagegen, die Sprache der Künstlichen Intelligenz, kennt nur einen Datentyp: die Liste, und nur eine Manipulationsmöglichkeit: die Funktion. Wegen eines besonderen, schwer verständlichen Tricks namens »Rekursion« können auch einfache Programme unglaublich verschachtelt werden. Die Realität des Programmcodes spaltet sich auf in ungezählte Eigen- und Unterwelten, die sich dynamisch beeinflussen, modifizieren, die gegenseitig Botschaften austauschen und am Ende, wenn's gut geht, wieder zusammenfinden. LISP ist für die Hacker die Sprache der Individualität und der Lust. Sie ist die Sprache der genialen Außenseiter und derer, die in multiplen Wirklichkeiten und unüberschaubaren Realitäten leben können.

Damit haben wir die Kultur der Hacker – und einen Wesenszug des Zeichens Wassermann – erfaßt: Außenseitertum, Individualität, Demokratie, Lust am Knacken intellektueller Geheimnisse und Respekt vor den anderen Außenseitern, den radikalen Individualisten, »Freaks« (eigentlich: Mißgeburten). Auch die Vorliebe für die Nacht ist typisch für Hacker und für das Zeichen des Wassermanns. »Die Hackerkultur« sagt Turkle, »ist eine Kultur von Einzelgängern, die nie allein sind.«

Trotz ihres ausgeprägten Individualismus und ihrer Versponnenheit in die Welt der eigenen Fantasie haben die Hacker auch ein politisches Bewußtsein entwickelt. Computer und die in ihrem Gefolge entstehenden informellen Netze sollen Dezentralisierung, Kooperation und persönliche Autonomie fördern. Sie sollen jedermann Macht geben – getreu dem Motto »Wissen ist Macht« –, damit er sich gegen die Mächtigen der Erde, die Beamten, Datensammler und Geheimdienste, aber auch gegen die großen Firmen, Wissensmonopolisten und Mediengiganten zur Wehr setzen kann.

Weltweite und völlig demokratische Computernetze existieren übrigens bereits. Jeder Besitzer eines Heimcomputers und eines Modems kann sich an diese Netze anschließen. Der persönliche Computer wird damit Voraussetzung für die Basisdemokratie, die Verwaltung im Kleinen, die Dezentralisierung des Staates. In den USA sind solche Netze weitverbreitet und werden auch in den Dienst des Umwelt- und des Bürgerschutzes gestellt. In der Bundesrepublik macht die Post mit ihrer Monopolstellung der Vernetzung noch einen Strich durch die Rechnung.

Zum Abschluß des Kapitels über die Hacker noch eine Anekdote (diesmal eine wahre) über einen Helden der Hacker-Kultur namens Captain Crunch. Die Anekdote beleuchtet noch einen weiteren Aspekt des Zeichens Wassermann.

Captain Crunch benutzte die Spielzeugpfeife einer Cornflakes-Packung (»Crunchies«, daher sein Spitzname), um die Telefone in den USA zu überlisten. Der Ton der Pfeife veranlaßte sie nämlich zu Ferngesprächen, die nichts kosteten. Crunchens größter Clou bestand darin, eine Telefonverbindung über die ganze Erde herzustellen. Von Kalifornien gelangte er nach Tokio, von dort nach Indien, Griechenland, runter nach Pretoria, zurück nach London, über den Atlantik nach New York, über Amerika wieder zu sich selbst, wo das Telefon klingelte. Er sprach in den einen Hörer und hörte seine eigene Stimme zwanzig Sekunden später. Crunch baute das System so aus, daß er zuletzt seine eigene Stimme aus zwei verschiedenen Telefonen empfing.

Die Spaltung des Zeichens Wassermann ist damit am augenfälligsten demonstriert. Crunch ging um die ganze Welt, suchte und fand aber nur sich selbst. Er verdoppelte sich (zuletzt vervierfachte er sich), doch die Realität war allein seine eigene. Niemand drang ein. Er hatte die Macht über sich, und das Ganze war bloß ein Spiel.

... und leben von der Luft

> Diese Kraft wurde von mir selbst
> freigesetzt. Es war keine »dritte Kraft«
> außerhalb von mir selbst, sondern eine
> große passive Güte, mit der ich in
> Berührung gekommen war, etwas, das
> nicht selbst handeln konnte, dem man
> sich nähern und das man selbst
> nutzen muß.
>
> *Colin Wilson*

Eines der großen Probleme unserer Zeit ist das Energieproblem. Woher bekommen wir die Energie fürs Heizen und Tanken, für die Beleuchtung und die Computer, für die Werkstoffherstellung und das Recycling? Inzwischen hat sich gezeigt, daß genügend Energie vorhanden ist. In der Bundesrepublik ist der Spitzen-Energiebedarf so gering, daß sämtliche Kernkraftwerke überflüssig sind. Dennoch werden sie weitergebaut, gepflegt und propagiert. Wo nimmt der Mensch der Zukunft seine Energie her?

Um das zu begreifen, müssen wir unsere Vorstellungen von »Energie« und ihrer Erzeugung gründlich revidieren. Denken wir an Energie, sehen wir Stahlwerke mit flüssigem Eisen, Ölraffinerien mit Feuerfackeln, Kernkraftwerke mit riesigen Kühltürmen und Stauseen mit gigantischen Turbinen. Doch all das ist nicht nötig. Nicht nur, daß wir mit dezentraler Energieversorgung auskommen könnten – Sonne, Wind, Wasser und die Energie der Lebewesen –, es gibt auch noch ganz andere Energien, die wir eben erst erforschen. Ich meine die Energien des Geistes oder der Seele.

Was für Energien sind das? Wenn wir das heute wüßten, könnten wir sie in großem Rahmen nutzen. Aber wir wissen es nicht. Beschrieben wurden sie zu allen Zeiten. Früher tauchten sie in mystischen Erfahrungen auf, heilten Kranke und Besessene, vollbrachten möglicherweise das, was wir heute als »Wunder« bezeichnen. Heute wird die Verwendung dieser Energien in Volkshochschulkursen gelehrt. Nur – reichen diese psychischen Kräfte, um unsere Wohnungen zu heizen, Aluminium zu raffinieren und uns über Kontinente und Meere zu fliegen?

Wir wissen sehr wenig über die Errungenschaften früherer Völker. Je tiefer wir in der Zeit zurückgehen, desto primitiver erscheinen uns Technik und Zivilisation. Doch das muß nicht stimmen. Wir müssen nicht gleich ein Anhänger Dänikens werden und an Teleportation, Schwerkraftaufhebung und andere Science-Fiction-Derivate denken, die von den Völkern der Antike angeblich zum Bau ihrer großen Befestigungsanlagen und Kultstätten verwendet wurden. Aber vielleicht hatten sie wirklich Zugang zu jenen Kräften, die wir gerade wieder neu entdekken?

Wie dem auch sei, der Mensch des Wassermannzeitalters wird viel anspruchsloser sein als der heutige Mensch. Denn er braucht persönlich wenig Energie. Er wird weniger essen und weniger schlafen. Er wird sich in der Natur aufladen (siehe Feld 4 und Feld 6), wird die psychischen Energien der Kosmischen Universalkraft anzapfen und im wörtlichen und übertragenen Sinn von der Luft leben: von den Energien der Atmosphäre und von der Kraft der Gedanken.

Insofern wird die Energiediskussion in Zukunft belanglos sein. Viel wichtiger wird es werden, Anschluß an die verschlungenen Netze außersinnlicher Energien zu bekommen. Es wird dazu Einweihungsrituale und magische Formeln geben, die aber alle ganz nüchtern erklärbar sind: als Ausfluß linguistischer, erkenntnistheoretischer, physikalischer, informationstheoretischer und biologischer Forschung. Auf gut deutsch: Sprache, Bewußtsein, Materie, Computer und der Mensch als lebendes System werden zusammen die Energien des Kosmos anzapfen und auf die Erde lenken – vor allem aber ins Innere der Menschen.

Wahrscheinlich wird man total neue Energiequellen entdekken, die durch Gedanken herbeigeholt, durch Hände übermittelt und durch Worte gelenkt werden können. Ob man sie auch im Großen einsetzen und nutzen wird, hängt von der Entwicklung ab. Wahrscheinlich wird die erste Hälfte der Wassermannzeit die Energieversorgung im Kleinen ausbauen, während die großen Energiezentren in der zweiten Hälfte, unter dem Gegenzeichen Löwe, voll wirksam werden.

Der Staat bin ich

In meinem Staat werde ich nur einen
einzigen Untertanen aufnehmen,
nämlich mich selbst.
Ebenso bin ich der einzige Missionär
meines Glaubens.
Übertrittlinge brauche ich nicht.

Gustav Meyrink

Wie verändert man etwas in der Welt? Ganz einfach. Goethe hat
das im »Faust« auf der Suche nach der korrekten Übersetzung
der Genesis ganz im Sinne unseres Zeitalters formuliert: »Am
Anfang war die *Tat*.« So, findet sein unternehmerischer Held
schließlich, muß es bei der Erschaffung der Welt geheißen
haben.

Ein wenig konkreter formuliert: Willst du etwas verändern in
dieser gar nicht so paradiesischen Welt, mußt du erst eine
Gruppe organisieren, dann einen Verein gründen (und im Regi-
ster eintragen lassen), danach eine politische Gruppierung,
schließlich eine Partei. Du brauchst ein Programm (möglichst
nach einer Stadt benannt), einen Vorsitzenden, einen Stellvertreter, und vergiß den Kassierer nicht. Schließlich mußt du kandi-
dieren, das Volk gewinnen, im Parlament Koalitionen bilden,
taktieren, intervenieren, intrigieren usw.

Wenn du dabei keinen Erfolg hast, gibt's noch andere Wege.
So kannst du eine Demo organisieren und Steine werfen. Oder
Unterschriften sammeln. Oder dich auf ein Podest stellen und
auf die Menge einreden. Oder du kannst sonst irgend etwas tun.
Aber tu was! Denn ohne Tun tut sich nichts.

Das jedenfalls war (und ist immer noch) der übliche Weg der
Weltveränderung. Und genau dieser Weg wird in Zukunft nicht

mehr begehbar sein. Oh ja, man kann noch immer eine ganze Menge tun – aber keinen wird es interessieren. Jedenfalls dann nicht, wenn das Tun ernsthaft auf Weltveränderung gerichtet ist und die Absicht einschließt, andere mitzureißen. Eine völlig andere Art der Transformation wird sich im Zeitalter des Wassermanns durchsetzen. Und zwar deshalb, weil sich eine völlig andere Auffassung von »Welt« und »Wirklichkeit« durchzusetzen beginnt. Über sie haben wir schon geredet. Grob gesagt ist die Welt weder Wille noch Vorstellung, sondern ein interessantes Programm im Computer, im Bewußtsein, im – irgendwo.

Betrachten wir nun die Möglichkeiten der Weltveränderung: Da die Wirklichkeit im Bewußtsein existiert, kann sie auch durch das Bewußtsein geändert werden. Aktionen sind nicht erforderlich, Helfer auch nicht. Die Welt ist ohnedies ein geschlossenes Ganzes. Jeder noch so kleine Gedanke meinerseits beeinflußt die gesamte Welt, zumindest den Teil, der irgendwann einmal mit mir in Verbindung war. Das jedenfalls behaupten moderne Quantenphysiker wie Capra (siehe Literaturverzeichnis).

Da ich die Welt nicht ändern kann, muß bzw. brauche ich mich nur auf mich selbst zu beschränken. Und auch hier brauche ich nichts zu tun; es genügt, meine Gedanken, meine Weltanschauung, mein Bewußtsein grundlegend zu ändern. Schaffe ich es, sozusagen ein Schwarzes Loch in meinen Geist zu brennen, wird damit das gesamte Universum verändert. Auf subtile Weise zwar, doch das ist gar nicht wichtig. Meine Brüder im Geiste sind ja auf mich eingestimmt. Sie liegen, wie die Physiker sagen, »in Phase« mit mir, und darum partizipieren sie auch an meinem (subjektiven) Mikrokosmos, der zugleich der (objektive) Makrokosmos ist. Meyrink drückt es recht treffend aus:

Nicht einmal Jesus hat sich unterfangen zu organisieren. Er hat ein Vorbild gegeben.

Auch Marilyn Ferguson, die Ent- und Aufdeckerin der Wassermann-Verschwörung, kommt zu ähnlichen Ergebnissen. Sie schreibt:

In der gesamten Geschichte begannen alle Anstrengungen zur Neugestaltung einer Gesellschaft im wesentlichen mit der Än-

derung ihrer äußeren Form und ihrer Organisation. Erstmals in der Geschichte ist die Menschheit nun auf ein (neues) Instrument zur Herbeiführung von Veränderung gestoßen. Es handelt sich um den Umschwung des Bewußtseins.

Nicht mal der sonst so weitsichtige Science-Fiction-Schriftsteller H. G. Wells konnte ahnen, daß es zu einem solchen Bewußtseinsumschwung kommen könnte. In seiner »Offenen Verschwörung« (einem »Aufruf zur Weltrevolution«) entwirft er das Bild einer Elite von Menschen, die die Welt retten sollen, aber ihre Organisierung verläuft ganz klassisch. Das Volk wird dabei ausgeschlossen; später, nach der Revolution, partizipiert es von der schönen neuen Welt, die von den guten Onkeln geschaffen wurde.

Die kommende Zeit wird keinen Zwang zur Aktion, zu Aktivitäten und Aktionismus kennen. Jeder muß seine eigene Welt in Ordnung bringen, und das genügt. Leicht ist es nicht, doch kommt dem Sucher nach der Wahrheit ein anderer Effekt des Zeichens Wassermann zu Hilfe: die weltweite Gemeinschaft der Gleichgesinnten.

Zum ersten Mal in der Geschichte der Menschheit müssen wir nicht nach unseren Brüdern und Schwestern suchen, brauchen wir ihnen nicht zu mißtrauen, müssen wir uns nicht absichern gegen Absprung und Verrat. Die Brüder und Schwestern im Geiste sind einfach da. Wir erkennen sie sofort, wir müssen sie nicht zusammenfassen, zusammenbinden, zusammenpferchen. Sie sind überall, gleichberechtigt, hilfreich, und doch jeder ein Individuum und ein Individualist.

Gemeinsame Aktionen ergeben sich automatisch. Sie müssen nicht organisiert und abgesprochen werden, und man muß niemanden überzeugen. Die weltweite Gemeinschaft der Gleichgesinnten macht jede Organisation und zuletzt den Staat überflüssig. Jeder ist ein Staat für sich, und diese Staaten kooperieren auf selbstverständliche Weise. Jeder ist für sich, und doch ist niemand mehr allein. Das Netz ist überall, sein Zentrum nirgends. Keiner braucht es aufzubauen, keiner kann es zerstören.

Der androgyne Mensch

Jetzt waas i nimmer:
Bin i a Manderl oder a Weiberl?
Johann Nestroy

»Wenn man Männlein und Weiblein nicht mehr unterscheiden kann«, prophezeite der Mühlhiasl schon im vorigen Jahrhundert, »dann ist der Weltuntergang nicht mehr fern.« Vielleicht hat er recht, wenn auch auf andere Weise, als er glaubte. Er sagte die Apokalypse und (in unserer Sprache) den atomaren Untergang der Menschheit voraus. Doch wird seine Prognose sich auf viel harmlosere, dafür aber tiefgreifendere Weise erfüllen. Das Ende der Fische-Zeit naht, ein neues Zeitalter bahnt sich an. Und das mit den Männlein und Weiblein . . . da hat er ja recht.

Zunächst die Fakten. Daß sich in unserem Selbstverständnis der Geschlechter, aber auch in unseren geschlechtsspezifischen Verhaltensweisen etwas ändert, das sieht jeder. Die Männer sind verunsichert, die Frauen kämpferisch. Die neuen Väter legen auch mal die Kinder gleich nach der Geburt (bei der sie natürlich dabei sind) auf die Brust. Frauen gründen erfolgreiche Firmen. Homosexuelle beiderlei Geschlechts heiraten. Transvestiten und Travestiten *(ein feiner Unterschied!)* haben Konjunktur. Und die großen Paare unserer Zeit heißen nicht mehr Tristan und Isolde oder Romeo und Julia, sondern Batman und Robin oder Mary und Gordy.

Kurzum: Es herrscht Verwirrung. So wie beim Helden des Nestroy-Stückes, der nachts von einem Mondsüchtigen als

»Gnädige Frau« angesprochen und unter dessen Schirm genommen wird. Daß sich Psychologen und Ärzte ernsthaft mit der geschlechtlichen Doppelseite des Menschen auseinandersetzen, sieht man an Kongressen, die die Zweigeschlechtlichkeit des Menschen, vornehm als »Androgynität« verkündet, zum einzigen Thema haben.

Strebt also die Entwicklung auf eine Verwischung der Geschlechtsunterschiede zu, oder handelt es sich um vorübergehende Modetrends? Wird die Zukunft »weiblich« sein, oder kommen die Machos wieder? Oder werden die Frauen der kommenden Epoche aussehen wie Bodybuilder Schwarzenegger, die Männer wie Softie Boy George?

Befragen wir doch die Astrologie. Das Zeichen Wassermann ist geistig und gespalten. Im Tierkreis gibt es viele Zeichen, die erotisch, vital, körperlich oder sexuell sind, aber Wassermann gehört nicht dazu. Typische Beziehungen wassermännischer Natur sind freundschaftlicher, aber eher distanzierter Art. Ein Computer-Puzzle fasziniert ihn mehr als die Erotik-Show im Nachtklub. Und wegen seiner Vorliebe für Exzentrisches neigt er eher zu ungewöhnlichen Beziehungen. Heute nennen wir das »pervers«, in Zukunft wird man dazu »vielseitig«, »angemessen« oder auch »natürlich« sagen.

Kurzum: Nach den Thesen der Astrologie wird die kommende Epoche weder den Männern noch den Frauen gehören, sondern eigenwilligen Wesen, bei denen man oft auf Anhieb nicht sagen kann, wes biologischen Geschlechts sie sind. Wobei es auch gar nicht wichtig ist. Im Vordergrund steht der Mensch mit all seinen ungeahnten Möglichkeiten, nicht die Rolle, die eine genormte Gesellschaft von jemandem erwartet. Und darum werden sich die Geschlechtsunterschiede äußerlich und innerlich verwischen. Sie werden nicht mehr wichtig sein.

Der Mensch der Zukunft wird von so ungeahnten geistigen Erlebnissen erfüllt sein, daß es ihn einen feuchten Kehricht interessiert, wie sich die Geschlechter zu verhalten haben. Das eigene Ich – und der von ihm geschaffene Mikrokosmos – steht im Mittelpunkt. Der andere ist Bruder oder Schwester, Freund oder Geliebter, Mit-Denker, Mit-Erleber oder Fremder. Das biologische Geschlecht ist belanglos. Ohnedies wird die medizinische Wissenschaft die Prägungen der Geburt überwinden. Wer Kinder haben will kriegt sie – ob Mann oder Frau, wen kümmert's. Wer eine Beziehung mit einem anderen Menschen eingehen will, der tut's, egal, welcher Art die Beziehung oder der andere ist.

Diese Einstellung wird letzten Endes auch Auswirkungen auf den Umgang der Menschen miteinander haben – oder umgekehrt. Wenn die Spannung zwischen den Geschlechtern verschwindet, dann wird auch der Umgang der Menschen miteinander leichter. Regeln sind nicht mehr nötig (siehe auch Feld 3 und Feld 5). Beziehungen werden etwas eigenartig Schillerndes erhalten. Die Grenzen zwischen Realität und Fiktion sind verwischt. Der Mikrokosmos im Kopf kollidiert mit dem Mikrokosmos der Realität, verändert sie, wirkt rekursiv auf sich selbst, verändert das Bewußtsein, das Bild vom anderen, die Wirklichkeit.

Ein faszinierender, unendlicher Prozeß einander wechselseitig beeinflussender Seinsebenen macht jede Begegnung mit anderen Menschen zu einem Erlebnis ähnlich dem, das die Hacker haben, wenn sie in LISP programmieren – und nicht wissen, wie die selbsterschaffene Realität im Computer nach Ablauf des Programms aussehen wird. Auch die Sprache wird sich diesem Prozeß unterordnen. Sie wird kein Mittel der Verständigung mehr sein, sondern ein Zauberstab zur Verschachtelung der Wirklichkeit, zu ihrer Transzendierung, zum Abheben in höhere Ebenen des Bewußtseins, der Realitätserfassung und -manipulation.

Durch das Verschwinden geschlechtlicher Spannungen, durch ihre Sublimierung ins Geistige, wird den Menschen auch die Befreiung von inneren Zweifeln, Ängsten, Formeln und Bedingungen gelingen. So wird er endlich die Parasiten des Geistes los, die den Verstand fesseln, das Bewußtsein einschränken und die Seele aussaugen. Es wird zwar keine tiefen Leidenschaften zwischen Mann und Frau mehr geben, doch wird dieser Mangel (wenn es einer ist) mehr als ausgeglichen durch Vielseitigkeit, Offenheit und eine echt brüderliche, allumfassende Liebe, die nicht nur alle Menschen umfaßt, sondern alle Lebewesen einschließlich unserer Erde, die als »Gaia« für unser Wohlbefinden sorgt und uns neue Kräfte gibt.

Die Felder der Zeit

Um die Zeit des Wassermanns besser zu verstehen, beschreiben wir sie in den folgenden zwölf Unterkapiteln gemäß den Bereichen der astrologischen Felder. Wir beginnen jedes Kapitel mit einem Szenario. Um Sie gleich auf die Unbestimmtheit des Realitätsbegriffs der kommenden Jahrtausende einzustimmen, verrate ich nicht immer, ob das Szenario ein persönliches Erlebnis beschreibt oder erfunden ist. Doch seien Sie versichert: Im letzteren Falle *könnte* es so gewesen sein, wahrscheinlich wird es – in dieser oder ähnlicher Form – demnächst so sein.

Auch um die Transformation der christlich-abendländischen Kultur in die Transzendenz des technisch-magischen Zeitalters besser zu verstehen, schildere ich zuerst (immer im Hinblick auf astrologische Erkenntnisse) die gegenwärtigen Verhältnisse, dann die zukünftigen (die meist schon deutlich sichtbar sind), und die Schwierigkeiten bzw. Konsequenzen dieser Transformation. Ein weiteres Szenario – diesmal garantiert erfunden – schließt jedes Kapitel ab.

Ein guter Rat: Nehmen Sie nicht alles zu wörtlich, sondern versuchen Sie, den Geist der Transformation zu begreifen. Dann werden Sie die Welt, ihre Ereignisse, ihre Veränderungen, und das, was sich unter der Oberfläche abspielt, viel besser begreifen und für sich selbst verwerten können.

Aussehen, allgemeiner Charakter
(Übergang Fische → Wassermann)

Um Sie zunächst nicht zu sehr zu verwirren, versichere ich Ihnen, daß die drei Personen, die ich jetzt kurz charakterisiere, echt sind. Nicht einmal die Namen wurden geändert. Alle sind sie im Zeichen des Wassermanns geboren. Manches von ihnen ist recht typisch, darum stehen sie für bestimmte Trends und Eigenheiten.

Szenario 1: Drei Menschen

Heike arbeitet als Werbegrafikerin und entwirft privat Kunstwerke, die ein »normal« empfindender Künstler zumindest als originell anerkennen muß, gelegentlich aber etwas seltsam findet. Sie lebt allein und ihre Liebesaffären sind heftig und enden oft so plötzlich, wie sie begannen. Die Männer haben Angst vor ihr, weil sie so offen und direkt ist und sich keinen Deut um gesellschaftliche Konventionen oder geschlechtsspezifische Verhaltensweisen kümmert. Ihre Freundschaften zu Männern und Frauen dagegen sind beständig, freundlich und angenehm. Wem sie vertraut, dem öffnet sie sich. Da sie den meisten Menschen vertraut, gerät sie oft in die Bredouille.

Sie verkleidet sich gern. Ihre beste Rolle war die eines bärtigen und draufgängerischen Mannes. Unmöglich, sie in dieser Maske zu erkennen. Die Gespaltenheit ihres Wesens (die sie sehr gut kennt) kommt in diesem Ausspruch am deutlichsten durch: »Ich habe mir schon immer eine Zwillingsschwester gewünscht.«

Keith ist Amerikaner und hält Seminare über geistiges Heilen. Wie er dazu kam, schildert er so: »Eines Tages traf mich die Erleuchtung wie ein Blitz. Ich brach mitten auf der Straße zusammen und fing an, fürchterlich zu schluchzen. Doch da wußte ich, wo meine Berufung liegt. Von da an konnte ich mit der Kraft des Geistes heilen.«

Keiths Kurse zeichnen sich durch eine nüchterne, freundschaftliche, entspannte Atmosphäre aus. Wenn er jemandem die Hand auflegt und dieser Mensch dadurch gesund wird, dann kommt man kaum zum Staunen, so selbstverständlich ist die Sache. Außerdem kann das jeder. So jedenfalls sind die Kurse aufgebaut, und mit diesem Gefühl gehen die Leute auch nach Hause.

Miriam lebt als biedere Hausfrau in einer großen deutschsprachigen Stadt. Sie interessiert sich, wie ihr Mann, für Science Fiction. Doch ihr wahres Hobby ist die Magie. Abends werden Geister beschworen. Da zeichnet sie den zauberkräftigen Fünfstern, stellt einen selbstgebastelten Altar in die Mitte und hebt ein dickes Schwert. Danach beginnt die Beschwörung außerirdischer Wesen. Es sollen natürlich gefährliche Dämonen sein, die sie besuchen, sonst wird's langweilig.

Und gelegentlich kommen sie auch. Einmal, so erzählte sie, entlud sich ein Blitz, und die Schwertspitze war versengt. Die Gegenwart des Dämonen war deutlich zu spüren. Solche Erlebnisse zerren natürlich an den Nerven, und in unregelmäßigen Zeitabständen dreht sie durch. Dann sucht sie die nächstgelegene psychiatrische Klinik auf und läßt sich dort behandeln, bis sie sich wieder fit fühlt für ihre netten kleinen Hobbies.

Kinder reagieren besonders stark auf sie. Auf einer Party wollte sie einmal ein Kind umarmen, aber als dieses ihrer ansichtig wurde, lief es schreiend davon. Das ist das Schicksal derer, die ihrer Zeit voraus sind!

Wie es bisher war *(Fische)*

Jedes Zeitalter entsteht plötzlich, abrupt, alles Gewesene hinwegraffend. Die Fische-Kultur wurde ursprünglich von den Unterdrückten und Ausgebeuteten, von den Entwurzelten und Sklaven getragen. Sie lebten im Untergrund, in Katakomben und Höhlen. Sie hatten Mitleid mit allem, betonten das Gefühl, verachteten den Verstand. Sie waren mystisch und tiefreligiös. Trotz ihrer Vorliebe für Askese liebten sie das Wasser und die Freuden des Lebens. Wo sonst gab und gibt es Menschen, die extra ans Meer fahren, um dort zu baden!

Die Fische-Menschen kleideten sich äußerst fantasievoll und veränderlich. Zum ersten und wohl einzigen Mal in der Menschheitsgeschichte gab es etwas, das wir »Mode« nennen. Und sie wechselte so schnell wie der Fisch seinen Ort. Auch ihre Geschichte war sehr vielgestaltig und schwer zu fassen.

Das Zeichen Fische ist genial und so tief wie der unendliche Ozean. So entstand ein Menschentyp, den Oswald Spengler in seiner großen Kulturschau als »faustisch« bezeichnet. Dieser Mensch strebt nach dem Höchsten und dem Tiefsten. »Hoch« und »tief« werden im Lateinischen mit dem gleichen Wort bezeichnet: ALTUS. Und das ist verwandt mit ALTER, was »anders«, »Widerpart« oder »fremd« bedeutet.

So wurden Genies verehrt und das Geniale kultiviert. Der Fische-Mensch erforschte naturgemäß die Meere, er ging in die tiefsten Tiefen (bis auf den Grund der Ozeane), stieg in die höchsten Höhen (zu Fuß auf den höchsten Berg, mit Ballons in die Stratosphäre, mit Raketen bis zum Pluto), bereiste die fernsten Länder und eroberte Nord- und Südpol, von weniger interessanten Gegenden ganz zu schweigen. Er stieg hinab ins unendlich Kleine – ins Innere des Atoms – und blickte ins unendlich Große – ins Zentrum der Milchstraßen und des Universums. Doch das absolut Höchste, das Erlebnis des Göttlichen, blieb ihm verwehrt. Zwar blühte die Mystik in den ersten tausend Jahren dieser Kultur, aber das Erlebnis Gottes spielte sich, wenn es überhaupt dazu kam, rein gefühlsmäßig, als emotionale Ekstase, ab. Eine geistige Durchdringung dieses Phänomens, eine tragbare Theorie und eine praktikable Technik zur Erreichung des Höchstziels, das schaffte der Fische-Mensch nicht. Dazu war er zu sehr gefangen in seinen Gefühlen, im Wechselhaften und in den Ritualen der Religion.

Wegen der Anpassungsfähigkeit und Passivität des Fische-Zeichens gibt es keine eindeutigen Aussagen über *Staats- und Wirtschaftsformen* dieser Zeit. Mehrere Felder und Zeichen übten Einfluß aus, darunter:
– das Fische-Zeichen im 1. Feld, dem am ehesten ein urchristlicher Kommunismus entspricht, der später von Marx in veränderter Form wieder aufgenommen wurde;

– das Widder-Zeichen im 2. Feld, das zur freien Marktwirtschaft und zum Individualbesitz führte;

– das Löwe-Zeichen im 6. Feld, das die heute üblichen Organisations- und Machtverhältnisse in den Fabriken und Büros schuf;

– das Schütze-Zeichen im 10. Feld, das den Staat zum Unternehmer machte und den Personenkult der Herrschenden förderte;

– das Steinbock-Zeichen im 11. Feld, das die genossenschaftlichen Unternehmen, auch die Handwerkszünfte des Mittelalters und die Gewerkschaften ermöglichte.

Die Demokratie im Sinne der alten Griechen – jeder Bürger ist an allen wichtigen Abstimmungen beteiligt – kam im Fische-Zeitalter nicht zum Tragen. Für diese Art der Verständigung und Entscheidungsfindung ist das Zeichen Wassermann zuständig, und das war ja im 12. Feld eingeschlossen und konnte sich, wenn überhaupt, nur in einigen bescheidenen geschichtlichen Nischen entfalten. Die Kultur von Cordoba zur Zeit der Maurenherrschaft ist ein solches Beispiel, die Schweiz in eingeschränktem Sinn ein zweites.

Für das Fische-Zeitalter wichtig sind das Gegenzeichen Jungfrau (Feld 7) und die anderen beiden Wasserzeichen Krebs und Skorpion (Feld 5 und Feld 9).

Wie es werden wird (Wassermann)

Das Zeitalter des Wassermanns wird von ungeheuren Erkenntnissen magisch-wissenschaftlicher Natur erfüllt sein, aber nichts davon wird Bestand haben. Die Menschen werden bis zum Äußersten gehen, alles erforschen, vor nichts Respekt haben und nicht mehr Interessantes gefühllos über Bord werfen oder brutal vernichten. Sie werden Raum und Zeit überwinden und meist außerhalb dessen leben, was wir gewohnterweise »Wirklichkeit« nennen.

Der Mensch der Zukunft wird zwei- oder mehrgeschlechtlich aufwachsen und sein Leben nicht nach den Genen richten. Er wird lose, distanzierte, aber freundschaftlich-kameradschaftliche Beziehungen zu allen Menschen und sonstigen Lebewesen knüpfen und auch auf diesem Gebiet experimentieren. Die Nacht ist ihm wichtiger als der Tag, der Gedanke wichtiger als seine Ausführung, das Bewußtsein wichtiger als die Wirklichkeit.

Die Macht der Gedanken wird ihm neue Realitäten öffnen, in denen er lieber lebt als in der Welt, die wir mit unserem heutigen beschränkten Verstand als die einzig wirkliche bezeichnen. Die Theorie der Parallel- oder Alternativwelten wird er so weit ausgebaut und praktisch in den Griff bekommen haben, daß er beliebig zwischen diesen Welten, zwischen den Realitäten, zwischen Tag und Traum, Nüchternheit und Nacht wird reisen können. Ob und wie er dann zurückkommt, das ist ein anderes Problem.

Magie in moderner Form, mit wissenschaftlichen Formen, Geräten und Instrumenten wird zum Alltag. Die Computer und deren Weiterentwicklung – Biorechner, Gehirnimplantate, Maschinen mit künstlichem Bewußtsein – werden ihm dabei helfen. Er wird die Landkarte des Geistes – seines eigenen Geistes – bis zum Äußersten erforschen und mit kühlem Verstand und wacher Faszination dem Wunder und dem Grauen im Inneren seiner Seele entgegensehen.

Mode wird es keine geben, weil sich der Mensch des Wassermann-Zeitalters nicht um sein Aussehen kümmert. Und wenn er nackt durch die Straßen geht, wen stört's. Alles ist klar und sichtbar, der Mensch wie aus Glas. Seine Gedanken sind frei, auch für jedermann, seine Sprache offen (und oft verletzend), sein Charakter geradlinig, aber gespalten.

Für die Natur wird er nicht viel übrig haben. (Siehe aber Gegentrends im Feld 2 und Feld 6.) Die Großstadt ist sein Zuhause, die Computerzentrale sein Erholungsort, der Glaspalast sein Schloß, das Flugzeug seine Spielwiese, von noch exotischeren Gegenden ganz zu schweigen. Demgemäß wird er die Natur vernachlässigen und mit geistigem Hochmut verachten. Interessant sind die künstlichen Welten seines Gehirns, die simulierten Realitäten im Inneren der Computer, die schillernden Versatzstücke alternativer Realitäten. Die wahre Wirklichkeit – wenn es sie überhaupt noch geben sollte – ist etwas für

Beamte. Und die wird es im Wassermann-Zeitalter nicht mehr geben.

Oft wird den Menschen der Zukunft das Schicksal zeitweiser geistiger Umnachtung ereilen, doch wird er diese plötzlichen Zusammenbrüche anders erleben, als Einstieg in eine Welt des Chaos, mit dem zu leben ohnedies zu seinem Stil und seinem Wesen gehört. Da seine chaotischen Seelenzustände auch auf andere übergreifen, wird die kollektive Schizophrenie zur alltäglichen Krankheit werden, so wie heute Schnupfen oder Magenverstimmung.

Als Exzentriker par excellence wird er den Weihnachtsbaum mit Ostereiern schmücken und zu Ostern Wunderkerzen entzünden. Die Ausgeflippten, Ausgestoßenen, Unbeliebten, die Rebellen, Terroristen und pickelbesäten Computerjünglinge werden zu seinen besten Freunden zählen. Da aber dann jedermann ausgeflippt, ausgestoßen und unbeliebt wird, dreht sich das Karussell um 180 Grad. Die normalen, braven, arbeitsamen und fleißigen Bürger werden nun plötzlich zu Außenseitern. Wer ruhig, routinemäßig und seelisch gesund lebt, wird verachtet werden. Wer sich mit wenigem bescheidet und die wahre Liebe in tiefen Gefühlen verehrt, wird mit Unverständnis behandelt und zuletzt aus der menschlichen Brüderschaft ausgestoßen werden. Nur der Verrückte ist normal.

Wenn er sich nicht gerade auf einer seiner Reisen in die Innenwelt befindet und in einer Parallelwelt oder einer fernen Zeit strandet, wird eines seiner Betätigungsfelder der Aufbau von und die Arbeit in Netzwerken sein. Unzählige informelle Netze werden entstehen und vergehen, lokal und global, für ökologische Aufbauarbeit oder einfach zum Austausch von Informationen – also auf gut deutsch: zum Schwatzen. Die – gelegentlich etwas unpersönliche – Kameradschaft der Mit-Netz-Benutzer wird ihm höchstes der Gefühle sein. Freundschaft, Wohlwollen und brüderliche Hilfe werden ihn ebenso auszeichnen wie Weitsicht, Gefühlskälte und geistiger Hochmut. Aber das Leben wird immer interessant sein, selbst dann, wenn der Mensch der Zukunft total ausgebrannt, seelisch abgewrackt oder geistig kaputt ist. So ein Zustand ist immer noch besser als morgens pünktlich aufzustehen, seine Arbeit korrekt zu verrichten und abends nach Essen und TV ins Bett zu gehen.

Das Wassermann-Zeitalter wird eine Hoch-Zeit der Subkulturen sein. Alles das, was sich im christlichen Abendland abseits der anerkannten Mächte von Staat und Kirche zu etablieren versuchte – und meist rücksichtslos ausgerottet wurde –, das wird jetzt wiederkommen, sich wandeln, sich mit neuen Ideen vermischen und eine Fülle eigenartigster menschlicher Gemeinschaften hervorrufen.

Eine solche Subkultur haben wir schon ausführlich besprochen: die Hacker. Andere werden aus kulturellen, historischen, weltanschaulichen und mythischen Quellen hervorgehen, diese Quellen aber eigenwillig und originell verwerten. Man wird die Atlantis-Kultur neu erstehen lassen und das Mittelalter wiederbeleben. Viele historische, lokale und erfundene Kulturen werden erneut entstehen und der Menschheit zur Beschauung und Belustigung dienen (besonders im Hinblick auf die Bühnenfreudigkeit des neuen Menschen durch das Zeichen Löwe im 7. Feld).

Die politischen und wirtschaftlichen Verhältnisse kommen bei der Besprechung des 2., des 10. und des 11. Feldes zur Sprache. So viel sei gesagt: Die Zustände werden ähnlich sein wie in dem englischen Film »Brazil«. Dieser bös-satirische Film mit dem bitteren Ende zeigt Monty Pythons Version von Orwells »1984«. Hier die einzelnen Einflüsse nach astrologischen Gesichtspunkten:

– Feld 1 (Wassermann) führt zur Dezentralisierung, zur echten Zusammenarbeit, zur Basis-Demokratie im kleinen. Im Zusammenhang mit Feld 10 wird es zu permanenten Terror-Anschlägen direkter Art (Bomben) und subtiler Natur (Computer-Viren) kommen;

– Feld 2 (Fische) bevorzugt Kollektivbesitz und verwischt die Besitzgrenzen, bringt also eine Art Ur-Kommunismus mit sich;

– Feld 6 (Krebs) verlagert die Arbeit ins eigene Heim, macht aber die immer noch vorhandenen Arbeitsstätten zu Wehrburgen, die sich gegen die Außenwelt abschotten und überall Verrat wittern;

– Feld 10 (Skorpion) führt zu Orwellschen Staatsverhältnissen, mit Überwachung, Geheimpolizei, brutaler Vernichtung des Gegners, aber auch zu Instabilität des gesamten Staatsgefüges;
– Feld 11 (Schütze) bewirkt eine Gegenregierung unternehmungslustiger Netzwerk-Konstrukteure, welche die Geschicke der gesamten Menschheit in die Hand nehmen, die Basis-Demokratie lokal unterstützen und den Auswüchsen des Staatsapparates entgegentreten.

Für das Wassermann-Zeitalter wichtig sind das Gegenzeichen Löwe (Feld 7), die anderen beiden Luftzeichen Zwillinge und Waage (Feld 5 und Feld 9) sowie das Feld 11, das dem Zeichen Wassermann sehr ähnlich ist (Feld der Freundschaften).

Szenario 2: Ein Tag aus dem Leben des Horst-Maria K.

Früher, als er nur »Horst« hieß, war sein Leben ziemlich unruhig. Denn wie so viele Menschen dieser Zeit war Horst eine »multiple Persönlichkeit«. Eine sorgfältige psychiatrische Untersuchung brachte sechs dominante und 15 (!) schwache Persönlichkeiten zum Vorschein, die alle in seiner Seele nisteten und von Zeit zu Zeit die Macht ergriffen. Nachdem die kleinen Persönlichkeiten eliminiert und die großen auf drei reduziert worden waren, nannte sich Horst zu Ehren seines Lieblings-Mit-Seelen-Inhabers »Maria«. Fast war es ja eine Liebesaffäre, bloß mit wem? Mit sich selbst? Oder konnte man Maria als eigenständige Persönlichkeit bezeichnen, die ihm in kritischer Situation hilfreich unter die geistigen Arme griff, wenn sie die Herrschaft über Körper und Seele übernahm? Jedenfalls mochte er sie, und er bekannte sich auch öffentlich zu ihr.

Nun war er wieder mal am Erwachen. Als echter Individualist und Sohn seiner Epoche kümmerte er sich nicht um Zeiten oder Pflichten. Doch als der Dämmer des Schlafs langsam dem Bewußtsein des Wachseins wich, konnte er ein höchst beunruhigendes Gefühl der Unwirklichkeit nicht loswerden. Nachts war er wieder auf Reisen gewesen – das wußte er –, aber wohin ihn die Reise geführt hatte, und vor allem: Wo er jetzt war, das konnte er nicht herausfinden.

Doch wozu hat der Mensch Begleiter? (Begleiter sind überirdische Wesen, vergleichbar den Schutzengeln der vergangenen Zeit, nur daß es meist mehrere sind und auch nicht immer Engel.) Horst befragte seine japanische Lyrikerin, doch die war mit ihren Gedichten beschäftigt. Der Orientale mit den bunten Gewändern und dem verschlungenen Bart wußte von nichts, und der Indianer (nach eigenen Worten eine Inkarnation des letzten Königs von Atlantis) war verschwunden. Offenbar hielt er sich in den Ewigen Jagdgründen auf.

Horst wußte, daß er seinen Geist ordnen, sich konzentrieren und meditieren mußte. All das zusammen machte das Computerprogramm »Mindlink«, das als Spiel konzipiert war, aber gleichzeitig einen ungeheuren Einfluß auf seinen Verstand und sein gesamtes Wesen ausübte.

Horst holte sich das Gerät ans Bett und begann ein neues Spiel. Es hieß »Black Holes Unlimited« und bestand darin, Schwarze Löcher und ihre Vorformen im Universum aufzuspüren und rechtzeitig zu vernichten. Das Spiel war nicht leicht. Die Objekte mußten durch eine spezielle Konzentrationstechnik gefunden und dann mit Hilfe psychokinetischer Energieentladungen gezielt zerstört werden. Diese Techniken wurden zwar durch das Programm unterstützt, aber Horst beherrschte sie noch nicht ganz.

Der Haupt-Bildschirm zeigte die wundervolle Lichterfülle unserer Milchstraße, während auf dem zweiten Bildschirm Tages-Neuigkeiten aus der elektronischen Pressestelle erschienen.

Horst machte seinen Geist leer. Vor einer Woche hatte er, laut Programm, sogar ein Schwarzes Loch in unserem Sonnensystem aufgespürt und in der Nähe des Jupitermonds Ganymed vernichtet. Allerdings war das nicht ganz gelungen. Statt das Objekt vollständig zu eliminieren, hatte er es umgepolt und in ein Weißes Loch verwandelt. Während er sich fragte, ob so ein Gebilde ebenso wachse wie sein dunkler Gegenpart, erschien auf dem Presse-Bildschirm eine Nachricht des Mount-Kea-Observatoriums. Eine unbekannte Strahlungsquelle sei im Einflußbereich des Planeten Jupiter aufgetaucht. Man könne ihr plötzliches Erscheinen nicht erklären. Außerdem scheine sie kontinuierlich zu wachsen.

Erst nahm Horst die Meldung nur in seinem Hinterhirn auf. Bis er plötzlich hellwach wurde. Was war da? Ein Licht beim Jupiter, das immer größer wurde? Horst hatte das Gefühl, selbst in ein Schwarzes Loch zu fallen. Konnte er jetzt Spiel und Realität nicht mehr unterscheiden? Betrog ihn die Erinnerung, oder war das, was ihm der Computer anbot, gar kein Spiel? Konnte er gar selbst – spielerisch – ganze Galaxien vernichten oder neue entstehen lassen?

(Ich glaube, das reicht für den Anfang. Daraus könnte man ja einen ganzen Science-Fiction-Roman machen!)

Besitz
(Übergang Widder → Fische)

Szenario 3: Gaias Genossen

Hans-Joachim gehört zur großen Zahl derer, die ihr Heimat-
land, die Bundesrepublik, verlassen und in Italien eine neue
Existenz aufbauen. Doch sind die Gründe bei ihm nicht darin zu
suchen, daß er um seine Rente fürchtet oder meint, der Staat
werde demnächst in einem violett-gelben Chaos versinken.
Nein, Hans-Joachim hat sehr edle Motive. Er will der mensch-
heitsgeplagten Erde helfen.

Denn daß die Erde ein Lebewesen ist, das hat bereits der
englische Geologe John Lovelock nachgewiesen. Er nennt sie
liebevoll »Gaia«. Und daß diese unsere Mutter leiden muß,
daran besteht ja wohl kein Zweifel.

Hans-Joachim hat nun irgendwo in der Toskana (den Ort will
er nicht verraten) eine Stelle entdeckt, die er mit einem Aku-
punkturpunkt des Menschen vergleicht. Dort ist Gaia besonders
sensibel, dort kann ihr am ehesten gezielt geholfen werden.

Und so macht sich mein Bekannter auf, den Ort zu säubern,
die natürliche Ordnung wieder herzustellen und durch Meditation und ein natürliches Leben der leidgeplagten Mutter Erde
seine Verbundenheit zu zeigen. Ich hoffe sehr, daß es ihm
gelingt.

Wie es bisher war *(Widder)*
Kein Sternzeichen ist an sich schlecht, aber jedes Zeichen kann in
einem bestimmten Zusammenhang eher seine üblen Seiten her-
vorkehren. So war es mit dem Zeichen Widder im Feld des
Besitzes. Das passive Fische-Zeichen, das die Zeiten prägte, ließ
dem Widder ungezügelte Freiheit. Und das war die Freiheit, sich
zu holen, was einem gefiel. Die Fische-Zeit wurde zu einer Zeit
rücksichtsloser Eroberung. Besitz gehörte dem, der ihn sich
aneignete. So wurden ferne Länder entdeckt und zu Kolonien

degradiert, die Wohnungsnot der Menschen brutal ausgenützt, die großen Indianer-Kulturen des Goldes wegen vernichtet, und der Kapitalismus als grenzenlose Freiheit der Besitznahme institutionalisiert.

Am deutlichsten ist diese Einstellung auch heute noch beim Wohnbesitz zu sehen. Der Wohnungsinhaber kann fast schrankenlos über seinen Besitz – zu dem die Mieter beinahe gehören – verfügen. Wenn es ihm nicht paßt, organisiert er ein paar Schläger und läßt Wohnungen demolieren. Nicht umsonst spricht man von »Haien« auf diesem Gebiet.

Auch die Landschaft und zuletzt die Erde leiden darunter. Wälder werden gerodet, Wiesen zerstört, Moore trockengelegt, das letzte Stück Erde durch Autobahnen verbaut. Die Erdoberfläche wird aufgerissen, das Innerste nach außen gekehrt, die Schätze des Bodens ausgebeutet, die Fruchtbarkeit vernichtet. Den Menschen kümmert es nicht. Selbst jetzt, wo die großen und lebenswichtigen tropischen Regenwälder systematisch abgebaut werden, die Erde durch Mineraldünger und Pestizide unfruchtbar gemacht wird, und die Steppen und Wüsten unaufhaltsam wachsen – selbst jetzt macht der Mensch nicht halt, versucht nicht zu retten, was zu retten ist, verschanzt sich hinter individuellen und kollektiven Besitzansprüchen.

Immer noch denken wir an Eigeninitiative und persönliche Besitznahme, immer noch ist der Privatbesitz heilige Kuh unserer ganz und gar nicht sozialen Marktwirtschaft, immer noch ist unsere kostbare Erde, sind Wälder und Pflanzen, Blumen und Tiere im Besitz einzelner oder nicht minder egoistischer Gruppen. Um die letzten unberührten Gebiete dieser Erde – Antarktis und die Meere – werden demnächst Territorialkämpfe entbrennen, wenn nicht die Auffassung des Wassermann-Zeitalters rechtzeitig bis zu den (immer noch) Mächtigen dieser Welt durchdringt.

Wie es werden wird *(Fische)*
Im verborgenen blüht manches, und vieles davon ist vorbildlich im Sinne eines zukunftsweisenden Trends. Doch zunächst zum Fische-Zeichen. Es repräsentiert Leben, Unendlichkeit, die

Meere und verwischte Grenzen. Das alles angewandt auf Besitz ergibt verschiedene Kombinationen, die im einzelnen so aussehen:

– Leiden. Besitz wird nichts mehr sein, was man sich aneignet oder an dem man Freude hat. Besitz ist etwas, das mit Leiden, mit Hingabe und Aufopferung zu tun hat. Ein gutes Zeichen: endlich kommt die soziale Verantwortung zum Tragen, die jeder hat und bisher nicht wahrnahm.

Außerdem leidet unser aller Besitz: die Erde, der Boden, die Luft und die Meere. Sie werden von uns, von unseren Abfällen und unserer Verantwortungslosigkeit gequält, und sie sind so stumm wie die Fische, die ihre Schmerzen auch nicht herausschreien können. Wir als Mit-Besitzer unserer Umwelt werden mit-leiden und hoffentlich auch bald Mit-Leid haben.

– Hingabe und Aufopferung. Solche Projekte wie im Szenario der Einleitung (übrigens eine wahre Episode) werden in Zukunft selbstverständlich werden, allerdings die Erde und die Umwelt letzten Endes nicht retten. Ein fast schon telepathischer Kontakt zur Mutter Erde, zu Pflanzen und Tieren, zum Boden, Wasser und allen Lebewesen wird die Menschen beseelen und sie zu brüderlich vereinten Anstrengungen verleiten, an dieser Umwelt wieder gut zu machen, was ihr bisher angetan wurde. Da aber das Zeichen Fische zwar sehr mitfühlend, aber wenig praktisch veranlagt ist, wird es beim Mitgefühl und bei liebevoller Gemeinsamkeit mit Gaia bleiben. Wirkliche Erfolge wird man hier nicht erzielen. Doch wird diese außersinnliche Gemeinsamkeit mit unserer Umwelt auch das Bewußtsein der Menschen nachhaltig ändern, und auch das ist schon ein Erfolg.

– Unendlichkeit. Besitz wird in Zukunft nicht nur das sein, was man mit Händen fassen kann, sondern er wird neben der gesamten Erde auch das All umfassen. Die Grenzen zwischen Ich und Umwelt, zwischen innen und außen, zwischen Körper und Umgebung werden zerfließen. Dazu trägt auch die Geistigkeit und Bewußtseinszentriertheit des Wassermann-Zeichens bei. Doch nun verschwimmen auch die materiellen Abgrenzungen. Alles, was mir gehört, ist Kollektivbesitz der ganzen Menschheit, ja des Kosmos, der als lebendes Wesen aufgefaßt wird.

In der Hingabe an das Leiden der Materie – an die gequälte Erde, aber auch an die Heftigkeit einer Supernova-Explosion oder die Düsterkeit eines Schwarzen Lochs – wird der Mensch neue Ekstasen und wirklich mystische Erlebnisse erfahren. In dieser Welt des kosmischen Einsseins verliert der Mensch der Zukunft seine Geistigkeit und Arroganz, seine Distanziertheit und Besserwisserei. Er löst sich völlig auf im Meer der universalen Empfindungen, verliert sich in den Gefühlsausbrüchen kosmischer Kataklysmen, badet in den galaktischen Nebeln, in denen neue Sterne und neue Welten entstehen.

– Meere. Kehren wir zurück in die Welt des begreifbaren – heute begreifbaren – Alltags. Die Meere sind die letzten »weißen Flecken« auf der Landkarte der Eroberungen. Doch werden die Meere nicht mehr erobert und ausgebeutet, sondern die Menschen werden in ihnen aufgehen und ihre uralte Heimat wiederentdecken. Der Tatsache, daß menschliches Blut den gleichen Salzgehalt hat wie die Ozeane, wird eine beinah mystische Bedeutung zukommen. Wir tragen die Meere in unserem Blut – folgerichtig wandern wir wieder in die Meere zurück.

So wird es im Zusammenhang mit Feld 10 gigantische Projekte geben, in denen die Menschen versuchen werden, im Meer zu leben. Nicht etwa nur in Kuppeln und in der Nähe der Küsten, nein, so wie die Delphine und Wale. Der Körper des Menschen wird so umgeformt werden, daß er dem Leben im Meer angepaßt ist. Er wird dort schwimmen, sich ernähren, atmen, sich paaren und gebären können. Gemeinschaften mit den sanften Tieren des Meeres – vor allem mit den musikalischen Walen – wird ein schönes und mystisches Erlebnis werden. Es wird telepathische und sonstige Kontakte zu diesen Lebewesen geben, und vielleicht finden wir dann auch einen Zugang zu den vielleicht seltsamsten aller Meeresbewohner, den Riesenkraken.

– Verwischte Grenzen. Um noch konkreter zu werden, überlegen Sie mal, woher das Waschmittel kommt, das Sie benutzen. Da steht ein Firmenname drauf, vielleicht einer, der in Ihrem Land schon lange bekannt ist und zu einem Markenzeichen wurde. Doch gehört diese Firma gar nicht mehr sich selbst. Ein großer amerikanischer Konzern hat sie aufgekauft. Dem gehören aber nur gewisse Anteile. Der Rest verteilt sich auf eine Firma in der Schweiz, eine Holdinggesellschaft auf den Bahamas und einen Teilhaber in Hongkong. Dieser wiederum gehört zum Imperium einer großen japanischen Firmengruppe, an der auch der Staat beteiligt ist. Wegen komplizierter Kreditvergabebedingungen hat aber auch die deutsche Bundesregierung einen Anteil daran. Und nun frage ich Sie: Wem gehört die Firma?

Was wir hier angesprochen haben, ist das Problem der multinationalen Konzerne. Doch geht die Problematik weit darüber hinaus. Die internationale Verflechtung wirtschaftlicher und politischer Interessen ist auch heute schon so stark, daß Sie nicht einmal sagen können, wem ein *Land* gehört. Natürlich sich selbst, werden Sie sagen. Aber stimmt das? Kann ein Entwicklungsland mit riesigen Schulden über sein eigenes Schicksal bestimmen? Wer bestimmt die Geschicke des mächtigsten Landes der Erde, die alteingesessenen Angelsachsen oder die in großer Zahl eingewanderten Hispano-Amerikaner?

Solche Fragen werden in Zukunft belanglos werden. »Alles gehört jedem« wäre die falsche Formulierung, denn das Wort »gehört« wird aus dem Wortschatz verschwinden. Es wird bedeutungslos werden. Viel wichtiger wird die soziale Komponente des Besitzes sein. Auf deutsch: Was mache ich damit, wie helfe ich anderen Lebewesen, wie fördere ich durch den Besitz mein geistiges Weiterkommen?

Und zum Schluß werden wir ganz konkret. Es gibt bereits eine weitverzweigte Organisation, bei der diese Grundsätze geistiges Allgemeingut und Ansporn für praktische Belange sind. Gemeint sind die Anthroposophen und ihr System der Finanzierung förderungswürdiger Projekte.

Die Anthroposophie wurde bekanntlich von dem Fische-Geborenen deutschen Philosophen Rudolf Steiner gegründet. Daß ihre Anhänger gelegentlich wie Sektenbrüder wirken, soll uns hier nicht kümmern. Ich will diese Menschen auch nicht als vorbildlich an sich hinstellen, sondern nur als Wegbereiter einer neuen Auffassung von Besitz – einer Auffassung, die ganz genau dem Fische-Zeichen entspricht und für die kommenden Jahrtausende richtungsweisend sein wird.

Für die Anthroposophen ist die Sozialarbeit auf dem Bauernhof Ideal und Verpflichtung. Die Förderung einer solchen Arbeit schließt aber klassische bäuerliche Auffassungen, Rechte und Verhaltensweisen aus. Es darf keinen Individualbesitz und schon gar keine Erbfolge geben. Die Arbeit selbst dient natürlich der Herstellung von Nahrung und anderen landwirtschaftlichen Produkten. Doch das eigentliche Ziel liegt in einer »karmisch förderlichen Humanität«, wie Spiegel-Autor Peter Brügge in seiner Serie über die Anthroposophen schreibt. Der menschliche Aspekt steht im Vordergrund, die Weiterentwicklung der Persönlichkeit auch über den Tod hinaus, das humane und grenzübergreifende Engagement für den Boden an sich.

Doch auch Brügge weiß: »Der Eigner-Geist verfliegt viel weniger schnell als das Eigner-Recht.« So starten die anthroposophischen Banken eine Reihe von Experimenten – unauffällig, im stillen, als Dienst an der Menschheit, wie es dem Fische-Zeichen in seiner positiven Ausprägung entspricht. Die Verfahren, Methoden und rechtlichen Grundlagen sind fließend, kaum exakt zu formulieren, schwer in dauerhafte Formen zu bringen. Auch das gehört dazu. Neue Besitzformen werden ausprobiert, alte Erbhof-Ansprüche aufgehoben. Am bemerkenswertesten ist die These von der Gesamtverantwortung der Bürger für ihren Boden. Brügge schreibt dazu:

»Schlüsselelement aller Beteiligungsüberlegungen ist immer wieder der eine Morgen Land, der bei Anwendung von Steiners Boden-Formel jedem Bundesbürger zustünde. Für ökologisch einwandfreie Nutzung und Pflege von so wenig Boden möge der Bürger denn seinerseits Verantwortung übernehmen, und sei es lediglich in Form von Unkosten.«

Das Land gehört jedermann, auch wenn es ihm nicht gehört. Seine Verantwortung dafür wird er nicht los, denn der Boden ist Teil eines umfassenden Systems, von dem der Mensch nur ein Glied ist. Der Boden wird ihm nicht geschenkt und nicht verliehen. Er selbst ist Teil des Bodens, und so wie jeder Verantwortung für seinen Körper übernehmen muß, so muß er auch den Boden als Ausdehnung seiner leiblichen Hülle betrachten. Manchmal leiden wir an unserem Körper, und so leiden wir auch an der Erde, die wir mißhandeln.

Szenario 4: Haben Sie meine Kiemen gesehen?

Einer Pressemeldung zufolge will die NASA ihre Bemühungen zur Eroberung des Weltraums einstellen und ihre Aktivitäten auf andere Gebiete verlagern. »Die Gelder werden knapp«, sagte NASA-Pressesprecher Jim Houston, »und außerdem, wen interessiert schon die Eroberung des Mars?« Die »Neuen Grenzen« der kommenden Jahrzehnte werden für die NASA im Meer liegen. Die Eroberung des Meeres wird eine Aufgabe für das nächste Jahrhundert werden. Menschen werden den Meeresboden besiedeln, und den Gentechnikern wird es gelingen, eine neue Menschenrasse zu züchten, die durch Kiemen atmet und dem Druck der Wassermassen standhält. »Dann«, so Ernährungsspezialist und Bevölkerungswissenschaftler Dr. Kuno Agaziz, »ist das Problem der Überbevölkerung gelöst.«

Der bekannte Jazzmusiker und Sprachforscher Joachim-Ernst Behrendt fügte hinzu, er hätte nach Forschungen über antike Harmonien endlich eine Methode gefunden, sich über Gitarrenklänge mit den Buckelwalen zu verständigen. »Die vollständige Entzifferung ihrer Sprache ist nur noch eine Frage der Zeit«, wie der agile Künstler feststellt. Behrendt plant bereits das erste gemeinsame Open-Water-Konzert 50 Meilen vor der Küste Floridas. Die Besetzung der menschlichen Band stehe schon fest; bei den Buckelwalen gebe es noch organisatorische Probleme.

Umgang mit Information
(Übergang Stier → Widder)

Szenario 5: Wer steht auf meinem Parkplatz?

James F. Peapoddle, Mitarbeiter der Firma »Electronic Enterprises« mitten im Silicon-Valley, suchte morgens seinen Firmenparkplatz und fand ihn besetzt. Das war unerhört. Als einem der wichtigsten Techniker seiner Organisation stand ihm das Recht auf einen freien Parkplatz jeden Morgen zu. Nicht auf irgendeinen Platz, sondern auf seinen. Um die Sache noch schlimmer zu machen, wer dort seinen fetten Wagen abgestellt hatte, das war niemand anderer als Robert Tuttle, sein Erzrivale um den Posten des stellvertretenden Laborleiters.

Peapoddle überlegte einen Augenblick. Sollte er jetzt stundenlang nach einem anderen Parkplatz Ausschau halten und dann verschwitzt und verspätet zur Arbeit kommen? Oder sollte er Tuttle zur Rede stellen und ihn zu einem Jogging-Duell auffordern? Oder sollte er – doch warum sich ärgern?

Kurz entschlossen kehrte Peapoddle um und fuhr zur Nachbarfirma namens »Microelectronic Entrepreneurs«. An der Pforte verlangte er den Chef zu sprechen. Erstaunlicherweise empfing ihn dieser sofort. »Welcome Home!« begrüßte er ihn, und damit begann die steile Karriere des James F. Peapoddle bei der Firma, na, Sie wissen schon. Sie dauerte über ein Jahr – so lange hatte ihn noch niemand gehalten!

Wie es bisher war *(Stier)*
Stier ist das Zeichen der festen Formen und schönen Rituale. Das färbte auf unsere Sprache und den zwischenmenschlichen Verkehr ab. Zu manchen Zeiten war die Farbe so dick, daß man nur noch von »Tünche« sprechen kann und das, was darunterliegt, gar nicht mehr sieht. Oder es liegt gar nicht darunter, wonach das Gespräch zur hohlen Blase entartet. Typische Beispiele: Das spanische Hofzeremoniell, Ballgespräche früherer Zeiten.

Aber die Sprache ging ja noch. Viel schlimmer waren die Rituale des Nichts-Sagens und doch etwas Ausdrückens, der sprachlosen Gesten, die nicht zu viel verraten, aber doch so viel, daß jeder versteht, was eigentlich nicht gesagt werden sollte, und keiner versäumt zu begreifen, was nun ja doch vielleicht aber nicht so ganz gesagt werden müßte... Sie sehen schon, ich bin kein Liebhaber der verschlungenen Pfade diplomatischer Umschreibungen. Jedenfalls bei normalen Gesprächen nicht.

Da sich heute diese Formalitäten, der Knigge, der Gute Ton in allen Lebenslagen, so langsam auflösen, müssen wir in ferne Länder reisen, bis wir zu den Ritualen kommen, die in unserer Kultur bis vor kurzem gang und gäbe waren. Einem Stern-Reisebericht aus der Südsee entnehme ich beispielsweise folgende Ratschläge:

»Ein Tourist, der bei einem Samoaner zu Gast war, wird sich mit einem kleinen Geschenk verabschieden. Er wird ihm zum Beispiel mit zwei Dollarnoten in einem Briefumschlag danken. Auf keinen Fall jedoch darf er das Kuvert förmlich überreichen, sondern wird es ihm vor die Füße werfen und dabei versichern, das sei eine lächerlich geringe Gabe für die überwältigende Liebe, die ihm die Familie entgegengebracht habe.

Der Samoaner wirft dann das Geschenk mit aller Entschiedenheit zurück und erklärt, die Familie sei eines solchen Gastes gar nicht würdig.

Es wäre ein unverzeihlicher Fehler, den Umschlag einfach wieder einzustecken. Er wird dem Gastgeber erneut zugeworfen mit der Beteuerung, man könne durch eine so bescheidene Gabe die erwiesenen Wohltaten nie vergelten. Nach der dritten, vierten Runde wird der Dorfbewohner das Geschenk einstekken...«

Ob sich der Autor nun darüber lustig machte oder die Sache ernst nahm, tut nichts zur Sache. In dieser fiktiven Abschiedsszene ist jedenfalls die ganze langatmige (und unehrliche) Umständlichkeit enthalten, die den offiziellen Umgang der Menschheit so sehr geprägt hat. Aber, könnte man sagen, schön war es doch...

Das mag stimmen. Doch hat sich die Vorliebe für Rituale und

für das Seßhafte des Stierzeichens auf einem anderen Gebiet gar nicht günstig ausgewirkt. Ich meine die Schule. Unsere Schulen unterscheiden sich völlig von den Schulen der Antike (und von den Schulen, die da kommen werden – davon später). Sie gingen aus den Klosterschulen hervor und erhielten ihre endgültige Form durch die Militärakademien Friedrichs des Großen.

Großer Unterschied war ohnedies keiner. Zucht und Ordnung herrschten in beiden. Man *saß* die ganze Zeit! Versuchen Sie das mal einem alten Griechen zu erklären. »Wie kann man beim Sitzen Gedanken wälzen und den anderen mitteilen?« würde er auf diese Zumutung entgegnen. Der Freiheitsdrang, die Freude an Bewegung und Spontaneität der Kinder wurde in den Schulen völlig unterdrückt. Am Eingang jener Institution, die wie ein Gefängnis aussieht, standen fröhliche, wißbegierige, neugierige, lernwillige und originelle Wesen. Am Ausgang erschienen stumpfsinnige, abgetötete, genormte, frustrierte und unterdrückte Normalbürger, fertig zum Einsatz in den Fabriken, Büros und Armeen, wo Individualität nicht gefragt ist.

Finden Sie, das sei übertrieben? Dann fragen Sie mal Ihre Kinder! Inzwischen hat sich ein bißchen was geändert, aber nicht viel. Doch wollen wir auch etwas Positives über diese Zeichen-Feld-Kombination sagen. Künstlerisch-ästhetisches Empfinden (Stier) und Sprache (Feld 3) gingen im Bereich der literarischen Produktion eine recht glückliche Ehe ein. Denn es entstanden die vielfältigen, reichen, ausdrucksstarken Sprachen unserer Zeit, und in ihrem Gefolge die bekannten Werke der Weltliteratur. Sie sind eine Zierde dieser Epoche, und sie werden die Jahrhunderte überdauern. Allein schon deswegen, weil nichts in dieser Art nachkommt.

Wie es werden wird *(Widder)*

Ganz anders! Widder ist in vielem das Gegenteil von Stier. Mit den Ritualen ist es endgültig vorbei. Hier der Kontrast bei der Begrüßung:

Stier: »Guten Tag, Gnädige Frau. Mein Kompliment zu Ihrem fantastischen Kopfschmuck, der so hinreißend zum zarten Teint Ihres wundervollen Antlitzes paßt, wobei nicht unerwähnt bleiben sollte...«

Widder: »Na, alte Tunte, was haste denn da fürn Nachtgestell aufn Kopp?« Nicht sehr charmant, nicht wahr? Die Direktheit des Widders artet in der Sprache allzu häufig in Grobheit und Rücksichtslosigkeit aus, und das ist nicht jedermanns Sache. Doch sollte man auch die guten Seiten sehen. Nach jahrhundertelangen Bemühungen um eine feste Reglementierung der Sprache (am augenfälligsten manifestiert in Sprach-Konservierungsbüchern wie »Duden« oder »Webster«) ist unser Verbal-Kommunikationsmittel in Bewegung geraten. Sprache wird in Zukunft einfach, direkt, ausdruckstark und originell sein. Man könnte als weiteres Adjektiv hinzufügen: Primitiv. Aber das werden unsere Nachkommen anders sehen.

Einfach und direkt: Schnörkel und Umschreibungen verschwinden. Sprache ist nicht mehr ein Ausdrucksmittel für Objekte der Schönheit, sondern ein Vehikel zum Transport von Empfindungen und Kommandos. Vorbild sind nicht mehr die Werke der Weltliteratur, sondern die Programmiersprache der Computer. Sprechen Sie BASIC? Dann sind Sie gut aufgehoben für die nächsten zweitausend Jahre. PASCAL tut's auch, trotz der Beschränktheit, und mit Zitaten aus einem rekursiven LISP-Programm oder gar in Maschinensprache sind Sie der König auf jeder Party. Jedenfalls bei den Hackern.

Der amerikanische Psychologe Carl Rogers findet das nicht so schlimm. »Möglicherweise zum ersten Mal in der Geschichte der Menschheit«, meinte er, »sind die Menschen wirklich offen. Die Kommunikation unterscheidet sich qualitativ von unserer geschichtlichen Vergangenheit.«

Ausdrucksstark: Wenn Sie nicht wissen, was das heißt, lesen Sie Micky-Maus oder Superman. Da kommen Ausdrücke vor, die jedes Kind versteht: zap, wow, autsch, plumps, heul, lechz. »Eine unsäglich scheußliche Sprache«, lautete die Überschrift einer Titelgeschichte im Spiegel. Der Untertitel verkündete: »Die westdeutsche Industriegesellschaft verliert ihre Subkultur.« Nicht nur die westdeutsche.

Der Analphabetismus nimmt auch in den Vereinigten Staaten auf alarmierende Weise zu. Rund 10 Prozent der Bürger können dort weder schreiben noch lesen! Wozu sollen sie auch. Im Fernsehen wird ja alles gezeigt und erklärt. »Vielleicht dämmert ohnehin der Tag«, heißt es in einem anderen Spiegel-Artikel zu diesem Thema, »an dem kein Hahn mehr kräht nach Schrift und Schreibung, sondern die Menschen sich verständigen mit Hilfe von Bildstummeln, Piktogramm-Signalen: Analphabetismus als Endresultat einer Erziehung des Menschengeschlechts.« Wie wahr!

Nach den Ursachen zu suchen bringt nicht viel. Wir stellen nur Tatsachen fest. Fernsehen und die Computer haben sicher einen großen Einfluß auf den Schwund der Sprachfähigkeit. Aber: Buchdruck und Lesen wurden kurz nach ihrem Masseneinsatz von der damaligen Bildungselite zum Untergang des Abendlands erklärt. Heute sind es Computer und Fernsehen, morgen die multidimensionalen Psycho-Korroborationen und die Bellschen Realitäts-Verkantungen. (Sie wissen nicht, was das ist? Ich auch nicht, aber es klingt gut!) Der Mensch paßt sich an, oder vielmehr, er paßt die Umwelt seinen Bedürfnissen an.

Dagegen scheint mir die Auswirkung des Zeichens Widder auf das Schulsystem nur positiv zu sein. Wie wird die Schule der Zukunft aussehen? Die Antwort ist ganz einfach: Es gibt keine Schulen mehr! Theodore Roszak sagt etwas resigniert: »Ich gestehe, daß ich nicht weiß, wie unsere Schule zu retten wäre. Allerdings bin ich auch gar nicht so sicher, ob sie überhaupt gerettet werden sollte.« Und der bekannte Kulturkritiker Ivan Illich ist nicht der einzige, der fordert: »Die Schulen sollen abgewrackt und durch passive Einrichtungen für die Selbst-Bildung ersetzt werden, etwa Bibliotheken und Workshops. *Das Lernen geht weiter, die Lehrer entfallen.*«

Der Übergang ist manchmal schon zu sehen, aber die Machthaber sind da sehr strikt. Sie wollen ihr Machtmittel Schule nicht hergeben. Projektschulen, freie Schulen und andere Vorschläge können nur als Übergangslösungen bezeichnet werden. Die wahre Bildung erhält das Kind zu Hause, durch Fernseh- und Computer-Unterricht, durch Spiele und Gespräche mit Gleichaltrigen, durch Teilhabe an der Welt und nicht Verbannung in eine Scheinwelt der geordneten Tatsachen. Schulen sind für die Erwachsenen da, nicht für Kinder, denn die brauchen keine Disziplin und keine Abtötung ihres Geistes. Kinder lernen unglaublich schnell und viel, wenn sie motiviert sind. Aber die Motivation muß von innen kommen. Vorhanden ist sie – sie muß nur angeregt und ausgenützt werden.

So wird in Zukunft jeder sich selbst bilden, wie er will, wie er kann, so lange er Lust hat. Die Forderung nach lebenslanger Weiterbildung wird auf diese Weise endlich Wirklichkeit, denn sie ist in den Verantwortungsbereich eines jeden einzelnen gelegt. Und der Mensch des Wassermann-Zeitalters, geistig orientiert, neugierig und wissenshungrig, wird die Chance nutzen, frei von Zwang und Ritualen seinen Geist und seine Seele mit den Informationen zu füllen, die er für richtig hält.

Noch ein dritter Aspekt kommt in diesem Feld zur Wirkung. Ich erwähne ihn deshalb, weil er in der Subkultur des Silicon-Valley in Kalifornien bereits voll sichtbar ist. Zur Information: Silicon-Valley ist ein Landstrich südlich von San Francisco, in dem die innovationsfreudigsten Computer- und Elektronikfirmen angesiedelt sind. Und dort gibt es einen permanenten Kampf um Information. Kampf, das ist das Zeichen Widder, Information, das ist das dritte Feld.

Kriege wird es also im Reich der technischen Magier nur noch um Informationen geben. Und dieser Krieg ist bereits in vollem Gange. Aber er verläuft unblutig, ruiniert keine Menschen, Landschaften und Gebäude und kommt letzten Endes allen Beteiligten zugute. Wer sich von seinem Boß schlecht behandelt fühlt, geht zur Firma um die Ecke, wo er mit offenen Armen aufgenommen wird. Insofern ist die Anekdote am Beginn dieses Kapitels wahr. Das folgende Szenario – mit einer Prise Salz (oder Pfeffer) – ebenfalls.

Szenario 6: Oller Echtzeit-Boggie!

Die Party war in vollem Gange, als ich in den überfüllten Raum stolperte und nach einem bekannten Gesicht Ausschau hielt. Doch keiner der Hacker war mir vertraut. Ein Jüngling in Armeekleidung und Donald-Duck-Hut starrte mich an. »Was bistn du für ein Gwipp?« fragte er mich. »Wie?« »Ich meine, wo hast denn du deine Mobbies gegrokt?« »Was?« »Ich wollte sagen, wo läßt du deine crufty Krogons blizzen?« »Wen?« »Ach, Mann, stell dich nicht so gedanken!« Und damit verschwand er aus meinem Sichtfeld.

Eine junge Dame mit Tablett schwebte vorbei und fragte mich kokett: »Dschus-pi?« »Naja« sagte ich, kein Wort verstehend, »wenn's sein muß...« »Gik Zit!« rief sie, drückte mir ein Glas mit violetter Flüssigkeit in die Hand und schwebte davon.

Endlich sah ich Eugen in der Ferne, in angeregtem Gespräch mit etwas, das wie ein Roboter aussah. »Eugen«, schrie ich, »ich brauche dich dringend!« »Hallo, alter Moby«, sagte Eugen (ich heiße übrigens Peter und hatte noch nie einen Spitznamen), »wie eschert dein Gödel?« »Erlaube mal«, wollte ich mich entrüsten, aber er war schon wieder verschwunden. Und so ging das den ganzen Abend. Wenn ich nur wüßte, was die immer reden...

Kindheit und Zuhause
(Übergang Zwillinge → Stier)

Szenario 7: Ein Stall für die Regenwürmer

Der Prospekt über »Biohäuser und baubiologisches Zubehör«
war wirklich eindrucksvoll. Alles war vertreten, was zu einem
Biohaus gehört: die Solaranlage auf dem Dach (Südhang) und
der Gras- und Kräuterteppich auf der anderen Seite; die Bau-
stoffe (Lehm natur, in Stangen gepreßt und elektrolytisch ver-
stärkt; einheimische Hölzer, die mit Bienenwachs gegen In-
sektenfraß imprägniert waren; Gläser nach mittelalterlichen
Mixtur-Rezepten); der Backofen im Freien; das Trockenklo
mit automatischer Kompostierung; der Klärteich (inklusive
Bakterien) zur Abwässerreinigung; und der Jung-Baum
(Birke, Ahorn oder Kastanie) für den Innenhof. Natürlich gab
es noch mehr: Wasserbecken für die Fische, Ställe für die Hasen und Hühner, Käfige für die Singvögel, Gartenbeete für die
Regenwürmer, Terrarien für die Nutzinsekten, usw. Bloß –
was sollte ich als eingefleischter Städter in einem solchen
Haus? (Die Antwort erfahren Sie im Szenario am Schluß dieses Kapitels!)

Wie es bisher war *(Zwillinge)*
Haben Sie sich eigentlich schon überlegt, wozu unsere archi-
tektonischen Anlagen (ich vermeide absichtlich den Ausdruck
»Häuser«) geschaffen wurden? Zum Wohnen, werden Sie sagen. Dazu sind sie ja da. Im allgemeinen stimmt es auch. Aber
nun denken Sie mal an die großen und eindrucksvollen Gebäude unserer Kultur und ergründen Sie deren Daseinszweck.
Zum Beispiel:
– Der Dom, die Kathedrale, die Kirche: Wozu dient das Gebäude? Zur Beschauung, Erholung, fürs Feste feiern oder wo-
für? Eigentlich gibt es nur zwei Gründe: für die Gläubigen,
um mit Gott Zwiesprache zu halten; für die anderen, um die

Nachbarn zu treffen und sich sehen zu lassen. Kurzum: Das Gotteshaus ist ein Treffpunkt.

– Das Rathaus, Parlament, Regierungsgebäude: Hier werden Gesetze beschlossen, Reden gehalten, Themen von allgemeinem Interesse diskutiert, Bürger beraten und Entscheidungen gefällt.

– Die Schule, Universität, Bibliothek, das Museum: Hier wird unterrichtet, Wissensstoff vermittelt, Kulturelles begutachtet.

– Die Kneipe: Da trifft man sich zum Schwatzen, für Kontakte, um andere anzumachen oder sich anmachen zu lassen.

Und noch einige ungewöhnliche, aber eindrucksvolle Gebäude:

– Die Freiheitsstatue: Sie wirkt als Signal für die ankommenden Aussiedler.

– Der Große Staudamm (egal welcher): Er wandelt Wasserkraft um in Elektrizität.

– Die Große Brücke (egal, welche): Sie schafft Verbindungswege zwischen ansonsten getrennten Gegenden.

Finden Sie das Gemeinsame? In allen Fällen ist es die Verbindung sprachlicher oder tatsächlicher Natur. Kommunikation ist das, was diese Gebäude im übertragenen und wörtlichen Sinn miteinander verbindet. Und Kommunikation charakterisiert das Zeichen Zwillinge.

Wir sind mit vielen technischen Geräten und Systemen so vertraut, daß wir ihre Auswirkung auf unsere Zivilisation gar nicht abschätzen können. Wissen Sie, wodurch unsere modernen Büros und vor allem die amerikanischen Wolkenkratzer überhaupt erst möglich wurden? Natürlich durch moderne Bautechniken und Materialien. Aber ohne Fahrstühle und vor allem ohne Telefon hätten diese Gebäude niemals funktioniert. Fahrstuhl und Telefon unterstehen ebenfalls dem Zeichen Zwillinge – sie stellen Verbindungen her.

So sehen wir, daß unsere Häuser im Grund Kommunikationszentren sind. Das gilt auch für die Wohnungen. Wir laden Gäste ein, feiern Feste, telefonieren, kommunizieren. Außer dem Telefon gab es das auch schon im Mittelalter. Das Zuhause als Zentrum der Kommunikation – diese Funktion wird im Wassermann-Zeitalter verschwinden.

Doch das vierte Feld symbolisiert auch unsere Kindheit, unsere Einstellung dazu, und wie wir mit ihr fertig werden. Letzten Endes liegt in der Himmelstiefe auch unsere Seele. Kindheit, tiefster Seelengrund und Zuhause gehören in der Astrologie zusammen. Und wie sind wir seit Sigmund Freud mit den Problemen unserer Kindheit fertig geworden? Durch Gespräche.

Die Psychoanalyse und ihre vielen Modifikationen wurde zum Hauptmittel der Seelenforschung. Etwas Ähnliches gab es schon vorher, im Ritual der Kirche: die Beichte. Der Priester wurde durch den Seelenarzt ersetzt, der Beichtstuhl durch die Couch, die Absolution durch die Aufarbeitung des Konflikts. Danach ging man hinaus und sündigte weiter – oder wurde wieder neurotisch.

Wie es werden wird *(Stier)*

Im Szenario der Einleitung haben wir es schon gesagt: Die Architektur wird sich vollständig wandeln. Sie wird naturhaft und erdverbunden, schön und sinnlich – alles Eigenschaften des ruhigen, Rituale liebenden, häuslichen und naturverbundenen Stier-Zeichens. Biohäuser verwenden Naturstoffe, vor allem Holz. Sie meiden Beton, Metalle und Elektrizität so weit wie möglich. Ein typischer Naturstoff, der Lehm, hat sogar die Farbe, die dem Zeichen Stier zugeordnet wird: ockergelb. Und im Lehm entstanden nach neueren Forschungsergebnissen die ersten Lebewesen.

Nicht nur, daß die Wohnungen und Häuser zunehmend »natürlich« werden und Naturgegebenheiten ausnützen, sie knüpfen auch an alte Traditionen an. Die Siedlungsstrukturen unserer Vorfahren werden neu belebt. Pueblos und Lehmhäuser der Indianer kommen in Mode. In den USA wird sogar in die Erde hineingebaut. Vorteil: eine angenehme Temperatur das ganze Jahr über, also Energiesparen. Der Nachteil eines gewissen Lichtmangels wird durch Umleitung des Tageslichts über Glasfasern oder andere Vorrichtungen in die unterirdischen Räume ausgeglichen.

Neu ist das Ganze nicht. Schon um die Jahrhundertwende

begann man, solche Häuser zu entwerfen. Heute ist es so weit, daß in der Bundesrepublik bereits eine große Versicherung derartige Siedlungen unterstützt. Denn Biohäuser (egal, in welcher Form) bringen nur Vorteile. Sie sparen Energie, sind gesund, leicht zu warten, wenig reparaturanfällig, und sie kommen dem Streben des modernen Menschen nach einem stillen Zufluchtsort entgegen.

Weil das Zeichen Stier schöne Gegenstände liebt, werden die Wohnungen der Zukunft auch als modifizierte Museen dienen. Alles wird dort gesammelt und zur Schau gestellt werden, von alten Bügeleisen über Wagenräder bis zu Pferdetränken. Die Einteilung in Wohnzimmer, Schlafzimmer usw. wird verschwinden. Ja, selbst die Grenzen zwischen innen und außen werden schwer auszumachen sein. Innen wachsen Pflanzen, außen steht das Bett – oder kann man zwischen beiden nicht mehr unterscheiden? Der Mensch wird zu Hause wieder Teil der Natur, und sein Haus wird diesen Verschmelzungsprozeß widerspiegeln.

Damit aber erhalten die Wohnungen und Behausungen des Menschen im Zeitalter des Wassermanns eine völlig neue (und sehr notwendige) Funktion. Theodore Roszak, ein Verächter der Stadt, hat das so ausgedrückt. »Inmitten der zahllosen täglichen Kalamitäten und Ungerechtigkeiten muß es einen schützenden, normalen Ort geben, wo wir zusammenkommen können, so schwach und unheroisch, wie wir sind.« Dieser Ort wird unsere Wohnung sein.

Hier, in der Tiefe unserer Existenz, erhalten die Menschen dieser chaotischen Menschheitsepoche endlich die Ruhe und Sicherheit, die sie verabscheuen, aber dennoch dringend brauchen. Hier sind sie sicher vor den Zugriffen der Dämonen, die sie selbst heraufbeschworen haben, vor den Nachstellungen der Politiker, vor der Unruhe der eigenen Seele. Hier schöpfen sie Kraft und Ruhe, laden sich neu auf mit den Kräften der Natur, kommen wieder ins Lot und lassen sich von der überwältigenden Ruhe des Stierzeichens durchströmen.

Und hier findet auch die Psychoanalyse der Zukunft statt, aber ganz anders als bisher. Nicht mehr die Couch ist Zentrum einer Sitzung, sondern der Baum oder eine Lehmgrube. Nicht mehr das Gespräch lotet die Seele aus, sondern die Vereinigung mit den Kräften der Natur – durch Umarmung eines Baumes, durch Meditation am Wasser, durch Versinken in heilkräftigem Schlamm. Der Mensch muß nicht mehr mit dem Verstand ergründen, was mit ihm los ist – das weiß er ohnedies –, sondern er muß sich neu aufladen, seine verbrannten Seelenbatterien wieder mit dem Strom des Lebens füllen. Schöne Dinge, Musik und Ruhe werden ihm dabei helfen.

Szenario 8: Die Suche nach dem Nichts

Horst-Maria hatte es wieder mal nötig, seine ausgebrannten Kräfte aufladen zu lassen. Er ging in eines der zahlreichen Rekreationshäuser, zahlte seinen Beitrag und nahm erst einmal ein Schlammbad. Und zwar allein, um nicht wieder in Versuchung zu kommen, seine neuesten Seelen-Manipulations-Techniken an seinen Mitbrüdern und -schwestern auszuprobieren. Mit anderen wollte er jetzt nichts zu tun haben. Er brauchte Erholung. Der Schlamm, der mit Kräutern und Heilpflanzen durchsetzt war und hauptsächlich aus naturbelassenem Lehm bestand (dem Stoff, in dem das Leben entstand), diese feuchte, kühle, anschmiegsame Masse, drang in alle Poren seiner Seele, und er spürte förmlich, wie ihn neue Kräfte ausfüllten, die diversen Seelen in seiner Brust ins Lot kamen und seine Persönlichkeit langsam begann, wieder zusammenzuwachsen.

Nur sein Gefühl des Realitätsverlustes – das Nichtwissen, wo er war, ja, ob er überhaupt war –, das verging dabei nicht. Denn auch im Schlamm schwebte er wieder irgendwo, diesmal zwar in einer greifbaren Welt, aber auch sie war schwer zu fassen, wörtlich gesprochen. Also suchte sich Horst-Maria als nächstes einen Baum. Der Psycho-Analysator (ein Computerprogramm) machte einen Test mit ihm und gab ihm dann Bescheid, daß diesmal eine Kiefer das beste für ihn sei. An sich würde das entsprechende Bach-Mittel genügen, aber Horst-Maria wollte mehr.

Der Monitor zeigte ihm den Weg zum Psycho-Garten, und dort fand er seinen Baum – eine angenehm riechende, unauffällige Kiefer, die bescheiden in der Ecke stand und, wie es schien, nur auf ihn wartete. Er ging auf sie zu und umarmte den starken Stamm mit der rauhen Schale. Nach kurzer Zeit hörte er eine Art Rauschen, spürte den Lebensstrom, der von den Wurzeln nach oben floß, erahnte die Kraft, die in der Erde schlummerte und nahm teil am vielfältigen Leben im Innern dieses stummen und doch so lebendigen Wesens. Und er wußte plötzlich, was real war, wo er stand, wer er war und vor allem: daß es außer ihm (und seinen zahlreichen Seelen-Mitbewohnern) auch noch andere lebende Wesen gab, mit denen er verbunden war, die ihn liebten und verstanden. Auch, wenn es nur ein wohlriechender Baum mit rauher Schale war.

Der Lebensstrom der Kiefer, der stetig nach oben floß, nahm die letzten Zweifel seines Geistes, die letzten Schlacken seiner Seele, die letzten Dämonen seines Bewußtseins mit sich, zog sie aus ihm, verdampfte sie in der Sonne, die über den Gipfeln schien, und reinigte ihn so gründlich, wie es keine Massage, keine Psychohygiene, kein Computerprogramm tun konnte. Gestärkt, beruhigt und von tiefer Dankbarkeit erfüllt, verließ er das Haus als integrierte Person – bis zum nächsten Ausflug in nächtliche Dimensionen.

Kinder, Kunst und Liebe
(Übergang Krebs → Zwillinge)

Szenario 9: Hey, El-A, wie spät ist es bei Euch?

Der Medienexperte Gene Youngblood (den Ausdruck »Künstler« lehnt er ab) veranstaltete vor einigen Jahren ein bemerkenswertes Happening. Er stellte je eine Videokamera und einen Großbildprojektor mit häuserwandgroßer Sichtfläche mitten in New York und in Los Angeles auf. In Rundfunk und Fernsehen ließ er verkünden, daß nun eine direkte Sicht- und Sprechverbindung zwischen diesen beiden Städten besteht. Und alsobald sammelten sich eine Menge Leute vor den beiden überlebensgroßen Bildschirmen bzw. Kameras und guckten einander an.

Beim Angucken aber blieb es nicht. Die Amerikaner, im Herzen ohnedies noch immer Kinder, freuten sich in ihrer naiven Art über diese Gelegenheit, die Nachbarschaft gewaltig auszudehnen. Sie interviewten einander über den Kontinent hinweg, sangen sich Lieder vor, machten sich über Politiker lustig und produzierten sich wie Kinder, die zum ersten Mal vorm Spiegel stehen.

»Das«, meinte der Initiator dieser Aktion, »ist Kunst. Denn Kunst ist der Prozeß der Erforschung und Erfahrung: Wie können wir anders sein? Was heißt eigentlich ›der andere‹?«

Wie es bisher war *(Krebs)*
Krebs ist ein mütterliches, beschützendes, häusliches, tief gefühlvolles und sehr verletzliches Zeichen. Kombinieren wir diese Eigenschaften mit den Bedeutungen des 5. Felds, dann sehen wir einige wichtige Teilaspekte unserer Kultur plötzlich mit ganz anderen Augen.

Zum Beispiel *Kinder*: Nachdem die Kinder als eigenständige Lebewesen entdeckt wurden (im Mittelalter gab es in diesem Sinn keine Kinder), werden sie von ihren besserwissenden Eltern behütet, beschützt, bemuttert und im Hause gehalten – bis weit ins Erwachsenenalter hinein. Jedenfalls, sofern sich die Kinder das gefallen lassen, was leider viel zu oft der Fall ist. Familientragödien wie »Romeo und Julia« sind nur unter diesem Zeichen vorstellbar. Die Eltern als Beschützer und Behüter ihrer Kinder – ihr ganzes Leben lang.

Wenn wir die Errungenschaften der Fischezeit oft so negativ sehen, dann hauptsächlich aus dem Grund, weil sie jetzt überholt sind und einer anderen Weltanschauung Platz machen sollen (und werden). An sich ist die mütterliche Fürsorge für die Kinder etwas Schönes, wenn sie nicht in erstickendes Festklammern entartet. Die »Übermütter« (und -väter) sind eine Schöpfung der Spätzeit des Fische-Zeitalters. Familiengeschichten wurden auch oft zum Gegenstand literarischer Exkurse; man denke an den Krebsgeborenen Thomas Mann und seine endlose Saga verwickelter familiärer Gefühle und Gefühlsduseleien.

Womit wir beim zweiten Aspekt wären: *Kunst.* Ich erinnere mich noch an die entrüsteten Reaktionen von Fachleuten und Laien, als die ersten Artefakte unter dem Namen »Computerkunst« auftauchten. »Ein Computer«, rief alle Welt empört, »kann doch keine Kunst machen!« »Und warum nicht?« »Weil er zu keinen Gefühlen fähig ist.«

Nicht etwa mangelndes Bewußtsein oder fehlende handwerkliche Fähigkeiten verhinderten künstlerisches Computerschaffen, nein, der Mangel an Gefühlen war allein ausschlaggebend dafür, daß diese elektronischen Monster aus dem Prozeß kreativer Gestaltung ausgeschlossen wurden.

Wohlgemerkt: Kunst muß nicht schön sein und auch nichts mit »Können« zu tun haben. Die Werke der modernen Maler, Happening-Akteure, Leinwand-Sprayer und Holzlattenvernagler wurden allesamt als Produkt künstlerischer Tätigkeit akzeptiert. Zwar nicht von allen; Rußlands einziger Herrscher mit Humor, nämlich Chruschtschow, verglich die Werke moderner Maler mit den Ergebnissen eines pinselschwingenden Schimpansen. Aber dieser Banause war eine Ausnahme. Ansonsten wurde (und wird) alles akzeptiert, hinter dem ein fühlender Mensch steckt. Denn fühlen muß er etwas, sonst wäre er nicht ein Mensch.

Mithin war im christlichen Abendland ein Kunstwerk etwas, das bei seinem Schöpfer tiefe Gefühle hervorrief und beim Betrachter tiefe Gefühle hervorrufen sollte (möglichst die gleichen). Und auch der Themenkreis war in der Hoch-Zeit abendländischer Kunst eher beschränkt. Abgesehen von den vielen religiösen Werken, die einem guten Zweck dienten (nämlich der Popularisierung der Staatsreligion) finden wir in Literatur und Malerei tatsächlich viele Motive des Krebs-Zeichens: Familie, Mutter und Kind, Haus und Heim, Essen und Trinken, stille Landschaften mit Weihern, Ruinen als unsterbliche Erinnerungen an die Vergangenheit, Mythen der Kindheit.

Ganz charakteristisch ist das Drama von Romeo und Julia mit seinen zahlreichen Varianten: Es geht um tiefe Gefühle (»Liebe«), um die beschützerischen Machenschaften der Familienangehörigen, um Heimlichkeit und Grausamkeit (was auch Gefühle sind). Stellen Sie dazu ein Stilleben eines niederländischen Malers (mit Fasanen, Hasen, Früchten und Wein), und hören Sie sich Hausmusik auf Cello, Violine und Klavier an. Dann haben Sie die Krebs-Kunst der Fische-Zeit in einer Nußschale.

Womit die zweifelsohne hohe künstlerische Qualität aller abendländischen Kunstwerke keineswegs mißachtet werden soll. Die Fähigkeit des Zeichens Krebs, sich in etwas zu verbeißen, nicht loszulassen, eigensinnig und verbohrt dabeizubleiben, begünstigt Qualität und das Streben nach Vollkommenheit. Im übrigen blühte im Abendland eine Kunstform, die ganz typisch für das Krebszeichen ist und in der Wassermannepoche völlig verschwinden wird. Ich meine die Kochkunst. Zu Unrecht wird sie in den Kunstbüchern ignoriert. Sie gehört zu unserer Kultur als bleibende und ganz wesentliche Schöpfung. Und daß sie im Zeitalter der Hamburger und sonstigen Klopse untergehen wird, das sieht jeder.

Einen besonders schlimmen Aspekt des Krebs-Zeichens im schöpferischen fünften Feld erlebten wir im Zusammenhang mit den beiden anderen Wasserzeichen Fische (Leiden) und Skorpion (Religion). Krebs möchte und kann tiefe Gefühle hervorrufen, egal welcher Natur. Und im Mittelalter bis spät in die

Neuzeit schlug die grausame Seite dieser Fähigkeit durch, im wahnsinnigen Katalog immer neuer Foltern (Krebs), unter denen die Menschen im Namen der Religion (Skorpion) zu leiden hatten (Fische). Diese dunkle Periode unserer Geschichte wirkt noch immer nach, weniger in unserem Land, aber in fast allen anderen Ländern, die von irgendeiner Religion oder religiösen Ideologie beherrscht werden. Die Folter als Mittel des Quälens unter politischen Vorwänden ist immer noch weit verbreitet.

Ein Akt besonderer Schöpferkraft hat mit *Sex* zu tun. Auch hier war unsere Zeit beherrscht von einer gewissen Heimlichtuerei. Lassen Sie sich nicht von den Plakaten, Anzeigen und Illustrierten-Titelbildern täuschen! In Wirklichkeit ist Sex und alles, was damit zu tun hat, immer noch ein Akt häuslicher Heimlichkeit und – idealerweise – tiefsinniger Gefühle. Im Gegensatz zu vielen anderen Zeiten und Kulturen wird der Geschlechtsakt zu Hause, im Bett, in häuslicher Atmosphäre, unter einander Liebenden, abends oder nächtens, heimlich und meist in stets gleicher Lage (»Missionarsstellung«) vollzogen. Oswald Kolle und Beate Uhse haben daran wenig geändert, von den Herausgebern der Männer- und Frauenmagazine ganz zu schweigen.

Das war nicht immer so. Im hohen Mittelalter und auch noch in der Renaissance war man viel freier. Da boten auch die Badeanstalten (wie teilweise heutzutage gewisse Saunen) Gelegenheit zu spielerischer Entfaltung. Auch das paßt zum Wasserzeichen Krebs: Ihm unterstehen alle geschlossenen Behälter, besonders, wenn sie mit einer Flüssigkeit gefüllt sind. Also auch Badezuber und Sauna-Häuser.

Doch so eigentlich erlaubt war die Tiefe des Sexualverkehrs nur zwischen den wahren Liebenden, von der unrühmlichen Ausnahme der Prostitution abgesehen. Nicht, daß sich die Menschen an diese Vorstellung immer hielten – aber es war eben die Vorstellung des idealen Zustands. Und wenn man einmal einander hatte, dann ließ man einander auch nicht mehr los. Liebe und Sex als Mittel, den anderen an sich zu binden oder sich selbst an ihn zu klammern – so etwa könnte man unsere bisher gültige Auffassung beschreiben.

Wie es werden wird (*Zwillinge*)

Wiederum ganz anders. Denn der Kontrast zwischen dem tief fühlenden Krebs- und dem oberflächlichen Zwillings-Zeichen ist enorm. Zwillinge sind neugierig, gesprächig, unbeständig und immer auf der Suche nach etwas anderem. Also werden sich die drei Bereiche des fünften Felds etwa so ändern:

Kinder. Der Pädagoge Hermann Giesecke beschreibt die Situation des Übergangs zweier Zeitepochen in seinem Buch über das Ende der Erziehung sehr anschaulich:

»Die Macht der Eltern, der Älteren, schwindet. Dafür hat die Gleichaltrigengruppe eine kaum zu überschätzende Bedeutung bekommen.« Und weiter:

»Die Familie wird sich zukünftig zunehmend als Tätigkeits- und Interessengemeinschaft ihrer Mitglieder verstehen, als ›sozialer‹ Heimathafen – mit früher Emanzipation der Kinder.«

Der Science-Fiction-Schriftsteller Arthur C. Clarke beantwortet in seinem Roman mit dem bezeichnenden Titel »Das Ende der Kindheit« die Frage »Was sollen wir mit unseren Kindern tun?« mit den Worten: »Genieße sie, solange du kannst ... sie werden dir nicht lange gehören.«

Genau das kann man an den Kindern unserer Zeit auch beobachten. Durch die Einflüsse moderner Medien – hauptsächlich Fernsehen und Computer – geraten die Kinder sehr schnell in eine völlig andere Welt, in der die Erwachsenen nicht mitreden wollen (Fernsehen) oder können (Computer). Also bleibt ihnen nichts anderes übrig, als sich miteinander zu verständigen. So wird die sogenannte »Peer-Group«, die Gruppe der Gleichaltrigen und Gleichgesinnten, das entscheidende Erziehungsmedium. Die Eltern haben schon sehr früh ausgedient. Günstigenfalls gibt es ein kameradschaftliches Verhältnis zwischen Kindern und Eltern. Wenn nicht, dann werden »die Alten«, die sich immer noch für Erziehung und Charakterbildung verantwortlich fühlen, einfach ignoriert.

Im Zusammenhang mit dem epochebeherrschenden Wassermannzeichen werden unsere zwischenmenschlichen Beziehungen aus dem Korsett gesellschaftlich verordneter Normen ausbrechen und eine Vielfalt unterschiedlichster und freier Kommunikationsformen erschaffen. »Von den eng definierten Beziehungsarten in der Mitte des 20. Jahrhunderts«, sagt Marilyn Ferguson, »kommen wir langsam in ein Zeitalter der Abwechslung. ... Wir bilden Beziehungen, deren äußerstes Ziel es ist, Entwicklung zu fördern.« Also genau das, was eigentlich die Erziehung bewirken sollte! Mit anderen Worten: Die Kinder der Zukunft werden sich selbst erziehen, was Eltern und vor allem Schulen als Erziehungsinstrument überflüssig macht. Das Individuum wird zum Hauptmittel der Veränderung, nicht Kirche, Staat oder andere Institutionen.

Im Zusammenhang mit der Macht des Löwezeichens im siebten Feld können wir die Frage von Villoldo/Dychtwald im Buch »Millenium« beantworten: »Werden«, so fragen die Autoren, »Spiel und Spaß die Hauptmerkmale unserer zukünftigen, automatisierten Gesellschaft sein?« Die Antwort ist ein eindeutiges JA! Vielfalt und nicht Tiefe wird gefragt sein, Vergnügen und nicht Streben nach dem Vollkommenen. Kommunikation und nicht Kommunion, Neugier und nicht Karriere, Freiheit und nicht Normen.

Kunst. Unsere Auffassung von dem, was Kunst ist, sein darf oder nicht sein soll, ändert sich radikal. Sie können heutzutage von einem Kunstwerk nicht mehr sagen, ob es überhaupt ein Kunstwerk im traditionellen Sinne ist. Abfälle, die irgendwie über den Boden verteilt werden; Fahnen, die auf einer Wäscheleine hängen; Treibgut aus einem Fluß, das zu einem Haufen gestapelt wird; nackte Männer, die mit Fluoreszenzfarben bemalt wurden; ein Künstler, der sich zwischen Glühlampen legt; der blaugestrichene Deckel eines zerbrochenen Bahnhofsklos – sie alle rangieren heute unter »Kunst«. Sind sie das? Die Frage ist belanglos. Diese Werke wollen etwas ausdrücken. Sie kommunizieren Gedanken oder Gefühle, und das genügt.

Damit ist der Rahmen künstlerischer Entfaltung schon umrissen: Es gibt keinen Rahmen mehr. Alles ist möglich, und nichts hat Bestand. Denn eine Mitteilungskunst ist auch eine Tageskunst. Was man zu sagen hat, das sagt man, gelegentlich in etwas ungewöhnlicher Form. Morgen ist es vergessen. Aber dafür hat sich irgendjemand – vielleicht sogar Sie als Leser dieses Buches – schon etwas Neues ausgedacht, über das die Leute lachen oder weinen, aber nur kurz, dann wird es uninteressant. Die Kunst des Tages ist angesagt. Jeder kann sie produzieren, keiner muß dazu etwas Besonderes können.

Gene Youngblood, dessen Kommunikations-Performance aus dem Jahre 1980 wir im Szenario zu Beginn dieses Kapitels geschildert haben, dieser moderne Künstler betont den Kommunikationsaspekt der Kunst ganz besonders. Doch für ihn ist Kunst weit mehr als Unterhaltung oder Erbauung. Er bringt sie in Kontakt mit den Problemen unserer Zeit, die wir nur über eine sinnvolle Kommunikation der Bürger untereinander lösen können. »Die Massenmedien können nur kommunizieren«, meint er. »Aber wir brauchen eine schöpferische Verständigung, um unsere globalen Probleme lösen zu können.« Nur die Künstler, meint er, können uns über den Prozeß der Telekommunikation (direkte Sprach- und Sichtverbindung über weite Strecken) von unseren Problemen retten. Und in diesen Prozeß des »Ferngesprächs« im weitesten Sinne sind nicht nur die Entscheidungsträger, die Fachleute und die Medienexperten einbezogen, sondern jedermann. Denn jeder ist beteiligt, jeder muß zur Lösung unserer Globalmiseren beitragen.

Information und Unterhaltung werden sich zunehmend verwischen. Was im Computer steht – kann man daraus lernen oder ist es »nur« ein Spiel? Wo liegt überhaupt der Unterschied? Die Verwischung zwischen fiktiv und real, zwischen ernst und spielerisch, zwischen draußen und drinnen, wird immer mehr zunehmen, bis niemand mehr zwischen »echter« und »erfundener« Realität unterscheiden kann. Doch das wird niemanden stören. Denn Computer und ihre Weiterentwicklungen werden zum wesentlichen Bestandteil unseres Lebens – und damit auch unserer Vergnügungen – werden.

Einer derjenigen Künstler, der mit den Gefühlen seiner Filmbetrachter souverän zu spielen verstand, hat seine Vision zukünftiger Kinoprodukte ganz im Sinne dieser Erkenntnisse formuliert. Der Altmeister des Gruselfilms, Alfred Hitchcock, schreibt über den Film der Zukunft: »Und eines Tages werden wir noch nicht einmal einen Film dafür zu machen brauchen – in die Gehirne der Zuschauer werden Elektroden eingepflanzt sein, und wir brauchen nur noch verschiedene Knöpfe zu drücken...« Schöne Aussichten! Ich seh schon die Schlagzeile für PSYCHO VII: Erleben Sie hautnah den Mord in der Badewanne! Ganz neue Emotionen durch Gefühlsstimulation spezieller Gehirnzentren! Freigegeben ab 6 Jahre...

Sex. Das Sicherheitsdenken der Vergangenheit ist passé. Sex ist nicht mehr die Garantie für Treue oder finanzielle Unterstützung im Alter. Ferguson drückt das so aus:

»Wir lernen, daß Sicherheit nicht in einträglichen Investitionen oder Versprechen ewiger Liebe zu finden ist, sondern in uns selbst, in der eigenen Spontaneität – der Fähigkeit, sich an Neuem, auch wenn es unerwartet kommt, zu freuen.«

Unsere Auffassung von Sex und Liebe wird sich völlig ändern. Auch hier wird das Spielerische, Neugierige, Unbeständige und Kurzlebige die Liebe der Menschen zueinander beherrschen. Auch die Autoren der New-Age-Bücher haben das erkannt. Hier ihre Erkenntnisse aus dem Buch »Millenium« (Villoldo/Dychtwald):

Ein Sexualpartner fürs Leben wird immer seltener und immer weniger gewünscht.

Computer werden auf unser Sexualleben in der gleichen Weise einwirken, wie sie anscheinend auch alle anderen Lebensbereiche beeinflussen.

Bei Zunahme der Bewußtseinstendenz – die Betonung auf das Geistige, die übersinnliche Wahrnehmung und Telepathie ausgerichtet – könnte Sex mehr eine ganzheitliche und sogar kosmische Erfahrung werden.

Gleichgeschlechtliche Beziehungen, serienhafte Monogamie und Paarbildung mit bedeutsamen Altersunterschieden werden genauso betrachtet werden wie konventionellere Verbindungen.

Soweit die Autoren. Im Zusammenhang mit dem ohnedies sehr experimentierfreudigen Hauptzeichen Wassermann wird das kommende Zeitalter zu einem Experimentierfeld für neue

Sexualformen und -beziehungen werden. Das meiste davon würde von unserem Standpunkt wohl als »pervers« bezeichnet werden. Doch wird der Mensch der Zukunft auch deshalb zum Experimentieren neigen, weil er als gespaltenes Wesen (Wassermann *und* das Zwillings-Zeichen!) alle Geschlechtsformen in sich selbst vereint. Damit wird der oder die andere nicht mehr zum Fremden, sondern zum Bruder oder zur Schwester. Und mit vertrauten Menschen kann man auch viel eher mal was Neues ausprobieren.

Wahrscheinlich werden auch die Geschlechter nicht festgelegt sein. Eine große Fülle von Verhaltensweisen und biologischen Übergängen wird die Menschen der Zukunft prägen. Zusammen mit den Möglichkeiten des achten Felds wird der Mensch auf nüchterne Weise seine biologischen Gegebenheiten studieren, überprüfen und transzendieren. Sex wird ein Mittel unter vielen werden, das Bewußtsein zu erweitern, die Erlebnisfähigkeit zu steigern und mit den Mitmenschen in einen sinnvollen Kontakt zu treten. Und das alles geprägt von geistiger Neugier und gefühlsmäßiger Distanz.

Szenario 10: Die Sexmaschine

Beim Durchblättern neuer Spielprogramme am Computer stieß Horst-Maria auf ein Programm namens »Mass Emotions«, mit der reißerischen Ankündigung: Erleben Sie eine Sex-Orgie am Computer! Neugierig geworden (denn heute wollte er keine Kodes knacken und keine Galaxien vernichten) gab er seine Zugangskennung ein, erhielt eine Teilnehmernummer, las kurz die Regeln und war schon mitten drin. Na, das war ja eine Sache!

Durch die Mindlink-Connection (eine Art elektronisch verstärkten telepathischen Kontakts zu den Mitspielern) konnte er sich direkt ins Gefühlszentrum eines anderen einklinken. Wobei der andere ihn natürlich aussperren durfte. Aber keiner tat das. Denn jeder der Spieler wollte teilhaben an den emotionalen Eruptionen des anderen, wollte erleben, was er selbst nicht erleben konnte, und sich durch die Gefühlsvibrationen anstacheln lassen, bis sein eigenes Gefühlszentrum im Gehirn zu brodeln begann.

Die Massenorgie der Gefühle schwoll ganz langsam an. Es war schwer auszumachen, welcher Art die Gefühle waren, von wem sie stammten oder wo sie saßen. Die Grenzen zwischen den einzelnen Teilnehmern zerflossen, und doch blieb jeder ein Individuum für sich, eine einzigartige, originelle Persönlichkeit. Das Ziel des Spiels, eine Synchronisierung aller Emotionen und geistigen Aktionen, war noch lange nicht erreicht. Erst einmal herrschte Chaos – aber eine schöne und recht erfrischende Unordnung. Wenn man etwas Bestimmtes mit dem Nachbarn teilt, gibt das ein gutes Gefühl. Wenn man aber das Unbestimmte in sich selbst mit vielen anderen gemeinsam hat und erlebt, ist das schon eine Art Ekstase. Und das war nur der Anfang!

Arbeit und Krankheit

(Übergang Löwe → Krebs)

Szenario 11: Die Götter sind tot

Der Arzt, der bei der Hausgeburt meiner Tochter dabei war, unterschied sich völlig von den üblichen Ärzten. Er betrat das Zimmer auf Zehenspitzen. Er stand bescheiden im Hintergrund und ließ die Hebamme schalten und walten. Er drehte das Licht ab und schaltete die Stehlampe in der Ecke ein, damit das Neugeborene sich nicht erschrecke. Und er nahm den Säugling behutsam in die Arme und gab ihn dann dem Vater, damit der auch was zu tun hatte. Alles in allem verbreitete er eine weiche, mütterliche, beschützende und sehr zurückhaltende Atmosphäre. Vom »Halbgott in Weiß« war ganz und gar nichts zu spüren.

Wie es bisher war *(Löwe)*

Unsere Arbeitswelt ist perfekt durchorganisiert. Bis vor kurzem waren Arbeitsbeginn und Arbeitsdauer vorgeschrieben. Pünktlich hatte man zu erscheinen und dem Chef die Reverenz zu erweisen. Die hierarchische Struktur einer Fabrik, einer Firma, eines Büros wurde in »Organigrammen« niedergelegt und durch Stufen und Pfeile deutlich demonstriert. Was einem Angestellten an Arbeitsmaterial zustand, richtete sich nach dessen Status, der oft als Ziffernkombination in den Arbeitsunterlagen aufschien. Ob sein Arbeitsstuhl eine Lehne haben durfte oder Rollen an den Beinen, das blieb keineswegs dem Zufall überlassen.

Die vertikale Gliederung der Firma in Vorgesetzte und Untergebene spiegelte sich oft auch in der vertikalen Gliederung des Bürogebäudes wider. Ganz unten im Keller saßen die niedrigsten der Arbeiter. Im Erdgeschoß hockte der Pförtner, werkelten die Packer und Auslieferer. Und erst ganz oben thronte der Boß in seinem Büro mit den Ölgemälden, dem Riesenschreibtisch und den tiefen Ledersesseln. Zu ihm kam man natürlich nur über diverse Untergebene und zuletzt über seine Vorzimmersekretärin.

Das Leben in der Firma bestand in einem ständigen Machtkampf. Man mußte den anderen austricksen, sich selbst in Szene setzen, die Hausmacht ausbauen und den verschlungenen Pfaden des Wegs nach oben möglichst unauffällig folgen. Die strenge Beachtung der hierarchischen Machtverhältnisse war unabdingbare Voraussetzung für das berufliche Weiterkommen. Wer wichtige Personen übersah, konnte ganz schön straucheln.

Doch die Herrscher zeigten ihren Untergebenen auch ihr Wohlwollen. So wurden Betriebsfeste veranstaltet, in denen es so eine Art Aufhebung der Sozialschranken gab, jedenfalls scheinbar und für den einen Abend. Und manchmal setzte sich der Boß sogar für einen seiner Untergebenen ein, wobei nicht immer klar war, warum. Vielleicht entschied er sich für Herrn Maier aus einer Laune heraus, vielleicht brauchte er wieder einen neuen treuen Gefolgsmann.

Baden-Württembergs technologiefreundlicher Ministerpräsident Lothar Späth hat den anachronistischen Charakter dieser Arbeitswelt klar erkannt. In einem Interview für eine Computerzeitschrift sagt er:

»Unser Problem ist, daß wir im Grunde immer noch nach den Kriterien der Stechuhren-Gesellschaft des 19.–20. Jahrhunderts unsere neuen Strukturen beurteilen und bearbeiten.« Aber es gibt offenbar neue Strukturen – welcher Art, davon später.

Der Bereich des Gesundheitswesens – besser sollte man wohl von »Krankheits-Unwesen« sprechen – war genauso durchorganisiert und hierarchisch strukturiert. Der Chefarzt als Halbgott in Weiß (»Hinter uns der Herrgott« – aber der schaut weg) herrscht über Fachärzte, Normalärzte, Hilfsärzte, Assistenzärzte, Oberschwestern, Mittelschwestern, Unterschwestern, über medizinisches Hilfspersonal und was es noch alles braucht, um die Gottähnlichkeit des Oberbosses zu unterstreichen. Villoldo/Dychtwald beschreiben die Ähnlichkeit zwischen Krankenhaus und Fabrik, zwischen Produktionsprozeß und medizinischer Versorgung, sehr treffend:

»Unser medizinisches Gesundheitsfürsorgesystem ist auf die

gleiche Weise auf die Bedürfnisse unserer politischen Ökonomie eingestellt wie die Stahlindustrie. Es gibt ein Produkt: medizinische Fürsorgeleistungen, Lieferanten und Finanzierungsmechanismen, Marketing durch Versicherungsgesellschaften und mehr als genug Gewinn, um die Dinge in Schuß zu halten.«

»Das größte Vermächtnis der Christenheit an die moderne Medizin«, fahren sie fort, »das ein fragwürdiger Segen für die nächsten tausend Jahre werden sollte, waren Krankenhäuser.«

Und die, das sei hinzugefügt, unterscheiden sich heutzutage kaum von Fabriken. Hier ein paar Ähnlichkeiten:
– Fabriksirene – Wecken zum Fiebermessen
– Fabrikskantine – Krankenhauskantine (mit gleicher bzw. gleich fehlender Qualität des Essens)
– Firmenboß (gelegentlich leutselig) – Chefarzt (gelegentlich leutselig)
– Inspektionsgang – Visite
– Produktionshalle – Krankensaal
– Maschinen zur Produktion von Waren – Geräte zur »Produktion« von Gesundheit
– es gibt Arbeiter und Angestellte – es gibt Kassenpatienten und Privatpatienten.
– der Boß entscheidet über (wirtschaftliches) Sein und Nicht-Sein
– der Ober-Schneider (oder Chirurg) entscheidet über (gesundheitliches) Sein und Nicht-Sein.
usw...

Und Villoldo/Dychtwald vergleichen die moderne Medizin mit den Institutionen der etablierten Kirchen:

Einer medizinischen Schule entspricht die Kirche mit ihren Lehrgebäuden und Doktrinen; die Professoren sind die Hohepriester der Medizin-Religion, die Studenten ihre Meßdiener; Päpste gibt es auch, wenn sie auch gelegentlich entthront werden – wie in der Kirche. Und Krankenhäuser sind wie Klöster.

Auch die Betonung des Technischen ist beiden Lebensbereichen gemeinsam. Probleme der Warenproduktion – z. B. die Umweltverschmutzung – werden mit technischen Mitteln angegangen, Probleme der Gesundheitsproduktion ebenfalls. Tomografen ersetzen die fühlende Hand am Puls, Messer die heilende Hand am Unterleib, und wo eine Berührung unumgänglich wird, da schützen Gummihandschuhe oder Plastikhüllen. An der Autorität des Bosses, pardon: Arztes, ist nicht zu zweifeln. Nur er weiß, was einem gut tut, nur er weiß, wie man wieder gesund wird. Und seinen Anweisungen (dreimal täglich fünf Tabletten) ist unbedingt Folge zu leisten.

Nicht, daß das alles von den Ärzten ausgeht. Sagen Sie mal einem Kranken, er trage selbst die Verantwortung an seiner Erkrankung, und nur er könne sich heilen. Er wird Ihnen, so Sie Arzt sind, empört antworten: Aber hören Sie mal, Sie sind doch der Arzt, Sie müssen mich gesund machen! Es gehören immer zwei dazu: Herrscher und Untergebener.

Wie es werden wird (Krebs)

Haben Sie sich schon einmal gefragt, warum die amerikanische Computerfirma IBM so erfolgreich ist? Viel wurde über sie geschrieben. Das Wesentliche der Firmenstruktur stimmt genau mit den Prognosen zum Wassermann-Zeitalter überein. Krebs, das sei wiederholt, ist ein mütterliches, fürsorgliches Zeichen, das seine Kinder schwer losläßt. Wundert es Sie, daß IBM den Spitznamen »Ma Blue«, also »Mama Blau« hat? Die Farbe blau kommt von den blauen Anzügen ihrer Mitarbeiter. Doch das »Mutter«, das ganz genau das Krebs-Zeichen charakterisiert, hängt mit der Art zusammen, wie die Firma ihre Mitarbeiter behandelt.

Alle Mitarbeiter (es gibt keine Unterschiede zwischen »Arbeitern« und »Angestellten«) gehören zu einer großen Familie. Firmentreue ist selbstverständlich. Sie wird nicht vorausgesetzt, gefördert oder gar gefordert. Aber was soll jemand draußen, in der bösen unbekannten Welt tun, ohne den Schutz der Großen Mutter? Niemand ist da, der ihm wie vorher hilft. Alles bleibt ihm selbst und seiner Eigeninitiative überlassen. Und das ist der Mann/die Frau von IBM nicht gewöhnt. Denn in gewissem Sinn ist er unmündig geblieben – ein ewiges Kind, das nicht erwachsen werden will und auch nicht erwachsen werden muß.

Andere Großfirmen sind ähnlich. Das gilt besonders für die –

wirtschaftlich sehr erfolgreichen – japanischen Firmen. Jeder soll lebenslang dort bleiben. Es gibt eine Firmenhymne, das Morgenlied der Großen Familie.

Doch die Firma als Mutter und Hort der Häuslichkeit zieht weite Kreise. Ich habe mich immer über das Verhalten meiner Kollegen in den Redaktionen gewundert (und ich war schon bei mehreren Firmen Redakteur). Abends packen sie nicht etwa ihre Sachen, um sich auf den Heimweg zu machen, um zu Hause von Gatte oder Gattin liebevoll in die Arme genommen zu werden. Nein, abends werden die Wein- und Bierflaschen ausgepackt, ein paar Brezen kommen auf den Tisch, die Aschenbecher sind ohnedies schon voll, und dann sitzen sie zusammen und plaudern. Nicht etwa über die Arbeit, nicht einmal über die Familie oder ihre Sorgen. Nein, sie plaudern einfach so. Und erst wenn der Mann von der Wach- und Schließgesellschaft kommt und ihren Abzug fordert, verlassen sie – das Büro? Ihr Zuhause? Eine amerikanische Zeitschrift überschrieb das Phänomen als »Home, Sweet – Office« – also nicht »Trautes Heim, du allein«, sondern »Trautes Büro, mein Zuhause«.

Die Büro-Ausstatter nehmen auf diese neue Funktion der Arbeitsstätte zunehmend Rücksicht. »Wirklich moderne Büros sind heimelig«, heißt es in einer amerikanischen Zeitschrift, die auch gleich einige der wünschenswerten Ausstattungsgegenstände aufzählt: Mini-Küchen, gedämpfte Beleuchtung, Raum-Abgrenzer zur Erhöhung der Privatsphäre. Ich würde hinzufügen: Schlafräume für diejenigen, die nicht mehr nach Hause können; Weinkeller für diejenigen, die sich den Abend verschönen wollen; Milchbars für diejenigen, die auf Abstinenz gesetzt wurden; und ein paar Haustiere für diejenigen, die Streicheleinheiten brauchen. Daß die Kantinenwirtin eine mütterliche Person sein muß, versteht sich von selbst. Der Portier natürlich auch.

Krebs ist auch ein wehrhaftes Zeichen (Scheren!), das gelegentlich zum Verfolgungswahn tendiert. So werden die Firmen der Zukunft ihren Werkschutz erheblich verstärken, schon allein wegen des permanenten Kampfes um Information (Widder im 3. Feld). Sie werden sich gegen die Umwelt abschotten, mit waffenstarrenden Pforten ungebetene Besucher erschrecken (und ungebeten ist jeder, der nicht zur Firmen-Familie gehört) und möglicherweise in modernen Folterkammern Verdächtigen ihre Spionagepläne entlocken. Es wird eine eigene Firmenkultur entstehen, für jede Firma eine andere, so daß der Firmenangehörige Probleme haben wird, sich anderswo einzuleben. Ist er aber einmal akzeptiert, wird ihn lebenslange Treue belohnen. Denn das Zeichen Krebs ist sehr anhänglich.

Doch auch der umgekehrte Fall wird eintreten: Die Arbeit wird zunehmend ins eigene Heim verlagert. Heimarbeit und Haushaltswirtschaft werden an Bedeutung gewinnen. Durch die Computer kann jeder in seinem Heim mit jedem anderen auf der ganzen Welt zwanglos in Kontakt treten. Damit wird die körperliche Anwesenheit in einer Fabrik oder einem Büro überflüssig.

Auch die Arbeit mit Dingen, die mit dem Krebs-Zeichen zu tun haben, wird an Bedeutung gewinnen: Flüssigkeiten im Haushalt (man denke an den Erfolg der Firma Amway, die mit dem persönlichen Verkauf von Reinigungsmitteln begann), Nahrungsmittel, Milch und andere flüssige Produkte, Behälter (Tupperware!), aber auch Gefühle und menschliche Betreuung.

Der Verkauf dieser Dienstleistungen und Waren wird sich hauptsächlich im Heim abspielen. Die Betreuung anderer Menschen – Kranker, Alter, Einsamer – wird zu einem zentralen Arbeitswert werden. So wird der Kühlheit der Luftzeichen Wassermann und Zwillinge die tiefe Empfindung der Dienstleistungen im Zeichen Krebs gegenüberstehen. Hier wird der Mensch (im Zusammenhang mit dem häuslichen Zeichen Stier im 4. Feld) wieder zu seinen Gefühlen und zu mütterlicher Geborgenheit finden. Hier wird der bescheidene Gegenpol der gefühlskalten Luftzeichen liegen, und hier wird der Mensch auch wieder Anschluß an die Kräfte der Natur finden.

Die größten Änderungen aber werden sich im Bereich der Gesundheits-Vorsorge und der Kranken-Fürsorge abspielen. Das Profil des »Heilers« der Zukunft wird sich von dem des gegenwärtigen Arztes völlig unterscheiden. Ich verwende absichtlich den Ausdruck »Heiler«, denn dieser neue Menschentyp verdient auch einen neuen Namen. Er wird etwa so sein wie der Arzt im Szenario zu Beginn dieses Kapitels (den es wirklich gibt): fürsorglich, mütterlich, bescheiden.

Der Heiler der Zukunft wird auf die Natur vertrauen und nicht auf die Technik. Er wird mit den Säften aus der Natur-Apotheke heilen und nicht mit den chemischen Kunststoffen aus den Fabriken der Pharma-Firmen. Er wird seine Hände auflegen und nicht das Messer ansetzen. Er wird im Heim des Kranken (oder in seinem eigenen Heim) heilen und nicht in der Abfertigungsstätte des Chefarztes. Er wird auf seelische Betreuung mindestens so viel Wert legen wie auf die Verabreichung von Medikamenten. Ja, man kann sagen, daß der Heiler der Zukunft durch seine Person, durch die seelischen Kräfte, die er im Patienten wachruft, und durch natürliche Energien mehr erreichen wird als seine Vorgänger mit raffinierten Techniken.

Villolde/Dychtwald sehen das in ihrem Buch über das nächste Millenium voraus: »Der Anteil der medizinischen Selbstversorgung im eigenen Heim wird ansteigen.« Wobei aller Voraussicht nach viel mehr Menschen als bisher heilen werden. Kleinigkeiten kann jeder an sich selbst kurieren: mit den Kräften universeller Heilenergien, durch die Kraft der Natur, durch Blumen, die im klaren Bergwasser gelöst wurden, durch Stoffe, die er einatmet, an denen er riecht, oder die er sich sonstwie einverleibt. Villolde/Dychtwald beschreiben, obwohl es anders aussieht, den Heiler der Zukunft.

»Die kombinierte Anwendung von Kräutern, Bioinformation-Transferheilung, dem Placeboeffekt und dem Druck der Gemeinde während der Heilungszeremonie ließen den Schamanen eine beeindruckende Heilungsrate erzielen, die bis zur modernen Zeit durch die Medizin nicht erreicht werden sollte.«

Unsere Auffassung von Krankheit wird sich ebenfalls völllig wandeln. Krankheit ist in Zukunft nicht mehr ein Betriebsunfall der Natur, der möglichst schnell beseitigt werden muß, damit der Kranke wieder dem Arbeitsprozeß eingegliedert werden kann; nein »Krankheit bedeutet für den Körper eine Pause von seinem sonst stabilen Gesundheitszustand und erlaubt dem

Organismus, sich in einer ständig verändernden Umwelt anzu-passen und zu entwickeln.«

In diesem Sinn wird Krankheit zu einem Instrument der persönlichen Evolution, und damit zu etwas Wertvollem, das gefördert werden muß. Denn gesund wird der Mensch in erster Linie durch die Kräfte der Seele – seiner eigenen Seele –, und diese Kräfte werden auch seine Seele beeinflussen und fördern.

Ansätze dazu findet man schon heute. Bei schweren Krank-heiten, vor allem bei Krebs, werden die Patienten angehalten, sich ihre Krankheit und ihr Immunsystem bildlich vorzustellen. In einem Prozeß der »Visualisierung« (des meditativen Bilderle-bens) bekämpfen sie dann die Krankheit. St. Georg als Ritter der T-Lymphozyten besiegt den Drachentumor. Und wer zu wenig Fantasie besitzt, läßt sich von einem Computerprogramm hel-fen. Besonders Kinder steigen da gerne ein.

Viele andere, lang bekannte, aber durch die Technik ver-drängte Heilmethoden werden wieder in Mode kommen und zusammen mit modernen Informationstechniken ungeahnte Er-folge vorweisen. Der bei den alten Griechen gern praktizierte Heilschlaf wird wiederbelebt werden. Das allen Heiligen und Weisen bekannte Fasten wird zusammen mit Meditation ein wesentlicher Bestandteil eines jeden Heilprozesses werden. Al-les, was mit Gefühlen zu tun hat, wird für die Heilung einge-setzt: nicht nur die Emotionen aus der Tiefe der Seele, sondern vor allem so simple Dinge wie Lachen, das bekanntlich gesund ist und, nachgewiesenermaßen, auch gesund macht. Norman Cousins hat das in einem Buch sehr eindrucksvoll geschildert.

Man wird das »affektive Feld« entdecken und fördern, das zwischen Heiler und Kranken besteht und durch seine menschli-che Wärme den Heilungsprozeß in Gang setzt. Durch Biofeed-back und später durch direkten Kontakt mit Computern über eingepflanzte Elektroden werden die Menschen lernen, diese Heilenergien in sich selbst zu aktivieren, und sich dadurch wieder ins Lot bringen. Fernheilung durch einfaches Denken an den Patienten, also durch Mitgefühl und Liebe, wird zum Alltag werden. Und in Zukunft wird jeder wissen: Gesund sein heißt geborgen sein in der mütterlichen Liebe seiner Mitmenschen.

Szenario 12: My Firm is my Castle

Die Arbeit hatte länger gedauert als sonst, und so machte ich mich erst kurz vor 19 Uhr auf den Nachhauseweg. Beim Pförtner wurde ich angehalten. Ich könne jetzt nicht hinaus, keiner dürfe den Komplex verlassen, es herrsche Alarmzustand. Auf die Frage, warum denn, erhielt ich nur eine unbestimmte Antwort. Irgendwo sei ein Informationsleck entdeckt worden, und man habe Angst, daß firmenwichtige Informationen nach außen drängen.

Auf die Frage, was ich denn jetzt tun solle, meinte er, ich solle es doch mal in der Kantine versuchen. Sie hätte wieder aufgemacht, und dort gäbe es Kaffee und Kuchen. Das war aber eine Fehlinformation, denn die Kantine war dunkel und leer. Dafür brannte in der Bücherei noch Licht, und dort traf ich auch gleich die Mannschaft von der XYZ-Entwicklungsabteilung, die mich mit Hallo begrüßte und mir gleich Kuchen und ein Glas Wein anbot.

Also setzte ich mich zu ihnen und fand nach einer Weile, daß es sich hier ganz gut leben ließ. Alles, was ein Mensch so braucht, gab es hier: Es war warm (bei mir zu Hause war es kalt), gemütlich (bei mir zu Hause war es ungemütlich), es gab was zu Essen und zu trinken (mein Kühlschrank war leer) und dazu noch nette Leute, bei denen ich mich gut aufgehoben fühlte (zu Hause war ich allein). Und die Sessel zwischen den Büchern waren ja wirklich sehr bequem. So bequem, daß man sich in ihnen ausstrecken und beruhigt einschlafen konnte...

Öffentliches Ideal und Halbzeit
(Übergang Jungfrau → Löwe)

Szenario 13: ... und wo ist Deine Seele?

Der Besuch im Body-Building-Center war eher ein Schock. Was wird hier eigentlich gepflegt, fragte ich mich, Schönheit, Kraft oder einfach Fleisch? Und wenn letzteres, wozu? Schön fand ich es nicht, weder bei den Männern noch bei den Frauen. Als ich schließlich meine alte Bekannte Christa schwitzend Gewichte stemmend erblickte, konnte ich nicht mehr an mich halten.

»Christa«, rief ich, »was machst du denn da?« »Na das siehst du doch«, stöhnte sie, »ich werde ein neuer Mensch.« »Was?« »Ich hole aus meinem Körper heraus«, ächzte sie, »was drin ist.« »Und was ist drin?« »Das wirst du schon noch sehn!«

Deprimiert verließ ich die Stätte der Marterinstrumente. Und ungläubig fragte ich mich: Ist das der Mensch der Zukunft?

Wie es bisher war *(Jungfrau)*
ORA ET LABORA – Bete und arbeite – das war das Motto des frühen Christentums. Das ORA verschwand mit dem Aufkommen von Naturwissenschaft und Technik, das LABORA aber, Inbegriff des Jungfrau-Zeichens, blieb und wurde zum Ideal unserer Kultur. Die Klöster wurden ersetzt durch Forschungsstätten, die Küchen der Alchemisten durch die Labors der Wissenschaftler, die Kräutergärten der Mönche durch Fabrikhallen. Der Dienst an Gott wurde ersetzt durch den Dienst am Fortschritt. Die Kirche wandelte sich in eine Fabrikhalle. Der Papst, oberster Repräsentant Gottes wurde getauscht mit dem Unternehmer, dem obersten Repräsentanten des Fortschritts.

Ideal in der Ehe war die Jungfräulichkeit (der Frau; der Mann durfte schon mal vorher, wegen der Erfahrung). Auch in der ziemlich männlichen Religion wurde die Mutter Jesu als Jungfrau Maria verehrt, besonders in den katholischen Ländern, wo ein wahrer Kult um sie entstand. Doch das Jungfrau-Zeichen kann auch gut Geschäfte machen. So war die Ehe, trotz des romantischen Aufgebots und der gefühlvollen Geschichten in erster Linie eine geschäftliche Angelegenheit und wurde auch oft so arrangiert. Die Meisterin war an Arbeit und Geschäft ihres Gatten genauso beteiligt wie er. Sie mag als Jungfrau in die Ehe gekommen sein, aber unterkriegen ließ sie sich dort nicht. Die Verbannung der Frau in die drei K's, Küche, Kirche und Kinder, kam erst viel später und auch da nur bei bestimmten Schichten. Arbeiterfrauen mußten immer tüchtig mit anpacken.

Das Zeichen Jungfrau versteht es auch, Dinge systematisch in kleinste Bestandteile zu zerlegen. Zusammen mit dem Streben nach Unendlichkeit des Fische-Zeichens entwickelte sich eine der großen geistigen Leistungen unserer Kultur, die Infinitesimalrechnung. In ihr wird eine Kurve in kleinste Teile zerlegt, so lange, bis die Teile auf ein Nichts zusammenschrumpfen. Daß man dadurch zu erstaunlichen Einblicken in die Struktur mathematischer Gebilde gelangt, ist die eigentliche Leistung der großen Denker der Renaissance- und Barockzeit.

Erst mit dieser geistigen Erfindung waren die anderen Entdeckungen in Natur und Technik möglich. Der Aufschwung unserer technischen Zivilisation gelang durch die sorgfältige und realistische Analyse des Gegebenen *und* durch die Bereitschaft der Wissenschaftler, Techniker und Unternehmer, selbst Hand anzulegen, im Dienste der Wissenschaft oder des Fortschritts sich auch mal die Hände schmutzig zu machen, die Arbeit nicht zu verachten.

Das hat es vorher noch nicht gegeben. Die alten Griechen hätten ohne weiteres so weit sein können wie wir. Aber die tonangebenden Adeligen verachteten die Arbeit der eigenen Hände. Selbst ein so großer Geist (und Vorläufer unserer Techniker) wie Archimedes mußte sich seinen Kollegen gegenüber rechtfertigen, daß er eigenhändig Maschinen baute und Experimente durchführte.

Das 7. Feld bedeutet auch den Berater, sei es ein Privatmann, sei er öffentlich bestellt. Und die Berater in den Ämtern zeigen die unangenehme Natur des Jungfrau-Zeichens. Wir alle leiden noch unter den kleinlichen, pingeligen, bürokratischen Beamten. Franz Kafka hat ihnen in seinen Romanen, im »Prozeß« und im »Schloß«, ein bleibendes Alptraum-Denkmal gesetzt.

Um es nochmals zusammenzufassen: Die Ideale der Fische-Zeit waren Jungfräulichkeit, Geschäftssinn, Arbeit und das Zerlegen der Natur in kleinste Teile. Als Negativum entstand die Bürokratie, so, wie wir sie kennen.

Wie es werden wird *(Löwe)*

Eine Bekannte, sie ist Gründerin und Leiterin eines Partnervermittlungsbüros, erzählte mir, daß bei ihren Klienten nur tolle Erscheinungen gefragt seien. Geld, Ansehen, hohe soziale Position oder menschliche Qualitäten wie Sinn für Häuslichkeit oder Kinderliebe interessieren niemanden. Die Partnersuchenden wollen jemanden, mit dem sie auf Parties brillieren und die anderen ausstechen können. Und das entspricht in etwa dem Ideal der Zukunft.

Nicht mehr jungfräuliche Bescheidenheit wird gefragt sein, sondern der strahlende Mensch, die unübersehbare Erscheinung, der Mittelpunkt jeder Gesellschaft. Der Held der Zeit wird nicht mehr der harte Arbeiter sein, sondern der Party-Löwe, der Playboy, der strahlende Übermensch, in dessen Licht man baden kann, und der das Ideal verkörpert, das der gespaltene Wassermann-Mensch nie erreichen wird: die integrierte Persönlichkeit. Zu ihm möchte man aufschauen, ihn möchte man bewundern, in seinem Licht möchte man baden.

Das ist auch heute schon zu beobachten. Zum Zeichen Löwe gehören auch Luxus und Sex. Und genau das berichtet der »Spiegel« über einen mondänen New Yorker Fitness-Klub, in dem »Luxus die Gesundheitszene erobert. Gelobt ist nicht mehr, was hart macht, sondern was sich gut anfühlt, teuer ist und Spaß macht«. Daß dazu auch Sex gehört, versteht sich fast von selbst. Aber:

»Der spürbare Anhauch von Sex führt zu erbarmungsloser Auslese: Wer älter, womöglich noch ein Dickerchen und leicht ergraut ist, der hat in diesem Wettkampf keine Chancen.« Denn der Klub wird beherrscht von den Jungen, den Dünnen und den Schönen. Gefragt ist die starke, körperlich fitte Frau, nicht das Flittchen mit einladendem Blick.

Auch in der Ehe ist der Partner nicht mehr Versorger, sondern Repräsentant und bewundertes Idol. Der Sinn einer Partnerschaft wird nicht mehr der gemeinsame Gelderwerb, die Aufzucht von Kindern oder die große Liebe sein, sondern die schöpferische Entfaltung, der Genuß, das Drama. Weil aber kein Mensch diesen Ansprüchen auf Dauer genügen kann, wird der Partner fallengelassen, sobald er keine strahlende Erscheinung mehr ist. Eine Tatsache, die dauerhafte Vebindungen nicht gerade begünstigt.

Das Löwe-Zeichen ist auch das Zeichen des Dramas, des Schauspiels, der Feste. Man wird also wieder viele Feste feiern, nicht nur im Theater oder im Zirkus. Straßenfeste werden alltäglich werden. Fahrendes Volk wird in Massen durch die Städte strömen und das Volk – und vor allem die Kinder – unterhalten, nicht unbedingt um davon zu leben, sondern einfach, weil es dazugehört. Die Artisten werden auch keine verachteten Zigeuner sein, sondern vielleicht wird jedermann irgendwann solche Fahrten unternehmen. Schausteller, Schauspieler, Mimen und Artisten – das ist nur der Anfang.

Wie das Idol des Wassermann-Zeitalters in ferner Zukunft aussehen wird, das kann man jetzt kaum abschätzen. Sicherlich wird die Förderung des eigenen Körpers sehr wichtig sein. Was nicht bedeutet, daß in Zukunft die öffentlichen Idole alle so aussehen werden wie Bodybuilder Arnold Schwarzenegger. Aber die Förderung des Körpers und die Freisetzung innerer Energien werden das große Ideal der Zukunft werden.

Es werden irgendwie besondere, sehr energiereiche Menschen sein, die uns auch als Berater zur Verfügung stehen. Die Bürokratie wird verschwinden. Dafür werden ebenso humorvolle wie autoritätsgebietende Menschen auf sehr persönlicher Basis sich unserer Probleme annehmen, sie allein durch ihre Persönlichkeit lösen, aber unbedingten Gehorsam und restlose Anerkennung verlangen. Sie werden das Chaos in den Hirnen und Herzen der alptraumgeplagten und zerrissenen Menschen der Zukunft zumindest zeitweise aufheben. Sie werden die gespaltenen Ichs der multidimensionalen Persönlichkeiten zusammenschweißen und ihnen das Gefühl der inneren Einheit zurückgeben – bis zur nächsten Alptraumreise in eine höhere Dimension.

Diese Menschen werden auch etwa ab dem Jahre 3000 die losen und unstrukturierten Netzwerke zusammenknüpfen, durchorganisieren und mit Führergestalten versehen. Damit wird zwar ihr ursprünglicher Sinn verlorengehen, aber die Kombination der beiden Oppositionszeichen – Individualität und Autorität, Chaos und zentrale Ordnung, Gespaltenheit und Geschlossenheit – wird eine ungeheure Kraft entfalten und das Durcheinander der Welt wieder ins Lot bringen. Zuletzt wird sich die Autorität der Löwe-Menschen allerdings nur noch negativ auswirken, und ein anderes Ideal wird gefragt sein.

Es wird möglicherweise zu einer Katastrophe ähnlich der im Film »Alarm im Weltall« kommen. Dort hat die Superrasse der Krell es auf einem Planeten geschafft, ihre Gedanken durch gewaltige Maschinen verstärken zu lassen. Der Traum ihrer hunderttausend Jahre alten Zivilisation scheint erfüllt. Doch in einer Nacht nimmt alles ein schreckliches Ende. Denn die Krell haben nicht an das Böse in ihrem Unterbewußtsein gedacht. Und so verschlingen die Monster, die immer noch im Dunkel der Seele lauern, alle Menschen. Nur die Maschinen bleiben übrig – und die Möglichkeit, neue Monster zu erschaffen.

Szenario 14: Der Atlantide weiß alles

Horst-Maria war wieder mal völlig geknickt. Sein zweites Ich namens Maria war verschwunden, sein Selbstbewußtsein auch. In irgendeiner exotischen Dimension hatte sie sich eines besseren besonnen und einen eigenen Körper übernommen. Jetzt saß er da, ohne sein Double, und fühlte sich als halber Mensch.

Doch wozu gibt es Berater? Einer der derzeit beliebtesten nannte sich Ammon, der Atlantide. Sein wahrer Name war zwar Joseph Himmelstein, aber das andere klang besser. Außerdem, wer weiß, vielleicht war er wirklich eine Reinkarnation eines Atlantis-Bewohners, pardon, -Herrschers. Und dann hatte er auch ein Recht dazu, dies aller Welt kundzutun.

Er mußte ja, den Beschreibungen nach, ein wirklich toller Mensch sein: Eine ungemein strahlende Persönlichkeit, die in einem orangegelb beleuchteten Glasschloß residierte und eine Aura überwältigender Kompetenz verstrahlte. Niemand, der ihn sah, wagte ihm zu widersprechen. Doch der Atlantide (so er einer war) hatte durchaus Humor und konnte mit seinem vollen Lachen den müdesten Ratsucher anstecken und ihm neuen Lebensmut machen.

Irgendeine Art von Therapie betrieb er nicht. Er war einfach da, strahlte mit seinem Humor und seiner Vitalität die Leute an und verlangte dafür gar keine Gegenleistungen, weder in Form von Obs (Ob = Obligation, ein Gutschein auf eine Dienstleistung) noch in Form von Waren. Es machte ihm einfach Spaß, behauptete er, den Menschen zu helfen und ihnen etwas von der Energie abzugeben, die in ihm fließe und die allen gehöre. Boshafte Zungen behaupteten zwar, er bade weniger die Leute in Licht, als vielmehr sich selbst in der Sonne der Anerkennung, doch seine Erfolge waren unbestritten. Und wie er sie erreichte, das war ja egal.

Tod und Wiedergeburt
(Übergang Waage → Jungfrau)

Szenario 15: Nieren nach Maß

Der Katalog der Firma »Flesh« war wirklich eindrucksvoll. Auf Hochglanz und in Farbe wurden alle die Organe aufgezählt, die ein Mensch im Laufe seines Lebens (und auch nachher) einmal brauchen könnte. Jedes Organ war abgebildet und genau beschrieben nach Spender, Zustand, Haltbarkeit und besonderen Vorzügen. Apartheid-Anhänger konnten sich Nieren garantiert von Weißen bestellen, rassebewußte Neger fanden Spender aus Ghana oder Äthiopien. Sogar die Religion des Spenders war angegeben; kein orthodoxer Jude mußte sich eine nicht koschere Lunge einpflanzen lassen.

Und vertreten war alles: Vom Kleinhirn bis zur kleinsten Zehe, und was so dazwischenliegt. Kleinigkeiten wie Augen, Kehlköpfe oder Kniegelenke konnte man sogar im eigenen Tiefkühlschrank lagern. Manche Besonderheiten allerdings mußten vorbestellt werden; der Liefertag war unbestimmt. Dafür wußte man um den Spender. Eines der Spezialangebote führte die Oberschenkel des bekannten Weitspringers Oleg Popopowitsch auf, ein anderes (in der Abteilung »Nur für Erwachsene«) das Organ des bekannten Playboys Hugh M. Hamfner. Beide Spender lebten allerdings noch, dennoch war die Nachfrage laut Auskunft der Firma riesig. Vermutlich, so ein Firmensprecher, würden die Teile nach dem Hinscheiden ihrer künftigen Spender an den Meistbietenden versteigert werden.

Wie die Firma zu den anderen Organen käme, das blieb im Dunkel. »Wir haben unsere Methoden«, sagte ein Firmensprecher auf einer Pressekonferenz, »und wir haben unsere Vertreter.« Was diese taten, wurde nicht verraten.

Wie es bisher war *(Waage)*

»A schene Leich« – ein schönes Leichenbegängnis, das ist des Wieners Traum seit alters her. Und das faßt in etwa unsere Einstellung zu Tod und Sterben zusammen. Obwohl uns der Tod stets gegenwärtig war, durch Kriege, Krankheiten und Katastrophen, durch Gewalt, Siechtum und Seuchen – immer wurde der Tote feierlich begraben. Es gab ein Fest mit erhebenden Ansprachen und nachher den obligaten Leichenschmaus, wo man wieder lustig wurde. Das entspricht ganz dem ausgleichenden Waage-Zeichen: schöne Gesten, nach Regen wieder Sonne, geselliges Beisammensein, vergessen wir die Trauer.

Auch das Gegenteil des Sterbens, die Geburt, wurde stets gebührend gefeiert, meist vermischt mit religiösen Zeremonien, aber im Grunde unabhängig davon. Geburt und Tod waren etwas, das dem Zugriff wissenschaftlicher Forschung weitgehend entzogen war. Ja, man machte nicht mal groß Geschäfte damit. Eine Geburt kann sich jedermann, pardon: jedefrau leisten. Und der Tod kostet zwar viel, nicht nur das Leben, doch ist jeder gewillt, für eine schöne Leichenfeier entsprechend was auszugeben.

Der Tod bringt auch die Menschen zusammen und versöhnt sie. DE MORTUIS NIL NISI BENE – über die Toten soll man nur Gutes sagen. Selbst dann, wenn es da wenig zu sagen gibt. Doch Ausgleich, Frieden und Harmonie zwischen den Menschen, diese Ideale einer ansonsten recht aggressiven Kultur, kamen zumindest bei der Totenfeier zum Ausdruck. – Mehr kann man darüber eigentlich nicht sagen.

Wie es werden wird *(Jungfrau)*

Wann ist der Mensch tot? Diese Frage hat keineswegs nur akademisches Interesse. Im Zeitalter der Transplantationen und des Organmangels ist es wichtig zu wissen, wann man einen Menschen legalerweise als tot bezeichnen und damit ausweiden kann. Mit der Frage beschäftigen sich Ärzte und Juristen, Philosophen und Ethiker. Und den Normalbürger interessiert es zunächst einmal nicht. Aber spätestens beim eigenen Tod, der vielleicht gar nicht endgültig ist, berührt auch ihn die Frage.

Doch der Zeitpunkt des Todes ist nicht das einzige, nicht einmal das entscheidende Problem. Viel wichtiger wird die Frage: Ist der Tote ein Mensch, wenn auch ein toter, oder ein Objekt? Kann man ihn wie einen Gegenstand verwerten, oder stehen ihm weiterhin gewisse Rechte der Menschenwürde und Achtung zu? Die Antwort auf diese Frage wird darüber entscheiden, was mit unseren Toten geschehen wird.

Doch eigentlich ist die Entscheidung schon getroffen. Das nüchterne und geschäftstüchtige Zeichen Jungfrau hat wenig Interesse an schönen Worten und versöhnlichen Gesten. Auch ein Toter ist ein Wertgegenstand, oder vielmehr: Er enthält wertvolle Teile, und die kann man vermarkten. Der Handel mit Leichenteilen ist ohnedies schon in vollem Gange. Und das wird auch für die nächsten 2000 Jahre so bleiben.

So berichtete der Spiegel in einem Artikel mit der Überschrift LEICHEN über den schwungvollen Handel mit Leichenteilen in einem Hamburger Krankenhaus. Besonders die kleinen Organe, die man leicht in der Hosentasche unterbringen kann, sind gefragt: Hypophysen (Stückpreis: 10 Mark), Hirnhäute (Stückpreis: 15 Mark), Hornhäute, Knorpel, etc. Die juristische Lage ist umstritten; eine Grauzone begünstigt den Schwarzen Markt, auch wenn dabei manche rot sehen. Jeder Arzt kann sich mit einem »rechtfertigenden Notstand« rechtfertigen. Und wer soll schon entscheiden, wo die Not beginnt und die Ruhe endet.

Villoldo/Dychtwald sehen das in ihren Prognosen über das kommende Millenium auch. Ihre Vision sieht so aus:

»Werden wir exakte, aber gehirnlose Kopien von uns selbst herstellen, die wir in ›Klonbanken‹ lagern, um jederzeit notwendige Teile herausnehmen zu können?«

Doch selbst wenn man den Leichen ihre Teile läßt, läßt man ihnen noch lange nicht ihre Ruhe. So wird in dem gleichen Artikel über medizinische Experimente an Toten berichtet, die recht grausig klingen: Leichen werden nachträglich erwürgt, um festzustellen, welcher Druck dafür erforderlich ist; sie werden ertränkt, um festzustellen, wie schnell sich Wasser in den Geweben ansammelt. Um die Meßergebnisse etwas realistischer zu machen, wird bei den Leichen vorher der Blutkreislauf in Gang gebracht. In gewissem Sinn werden sie also wiederbelebt.

Wenn das so ist, warum macht man die Experimente nicht gleich mit Lebenden, so wie die Nazis in ihren KZs? Amerikanische Ärzte haben die Berichte dieser grausamen Versuche ausgegraben und mit Vorteil für ihre eigenen Untersuchungen verwertet. Es gab zwar Proteststürme, aber ich bin sicher, daß diese Versuche bald wiederholt werden. Natürlich mit Freiwilligen, denen medizinische Versorgung, eine gute Rente, Auftritt in »Na, so was!« und eine ganze Serie in der BILD-Zeitung versprochen werden. Mehr braucht man eigentlich nicht im Leben, und dafür ist man wohl auch bereit, für die Wissenschaft zu sterben oder sich ein bißchen foltern zu lassen. An Krebs zu krepieren, ist schließlich auch nicht schön.

Nun dürfen wir nicht glauben, das Zeichen Jungfrau neige zur Grausamkeit. Das stimmt ganz und gar nicht; es ist sogar ein recht sensibles Zeichen.

Die beschriebenen Versuche werden im vollen Licht der Öffentlichkeit, auf ganz nüchterner und geschäftlicher Grundlage stattfinden. Niemand wird daran Anstoß nehmen, ja, es wird den wagemutigen Männern und Frauen der kommenden Epoche zur Ehre gereichen (und das Bankkonto auffüllen), an derartigen Veranstaltungen teilzunehmen. All das, was ohnehin jahrtausendelang gang und gäbe war oder schon immer die Menschen quälte – Sterben, Folter, außergewöhnliche seelische Zustände –, das wird nun nüchtern erforscht, pragmatisch unterrichtet und geschäftsmäßig ausgewertet werden.

Denn das Zeichen Jungfrau ist auch das Zeichen der Lehre. So wird die Wissenschaft, deren große Rolle langsam ausklingt, ihre Tätigkeit auf die Gebiete von Tod und Geburt verlagern und ihre Forschungsergebnisse auch so aufbereiten, daß sie in den Schulen gelehrt werden können. In den USA gibt es jetzt schon Todesunterricht. Warum soll man ein Ereignis, mit dem jedermann garantiert konfrontiert wird, so ignorieren wie bisher? Und es gibt eine ganze Menge, oftmals trivialer Dinge, die man über Tod und Sterben wissen sollte: Wie macht man ein Testament? Wie verkauft man seine Körperteile bestmöglich? Läßt man sie einfrieren, vermacht man sie persönlichen Freunden, oder sollen sie gleich nach dem Tod versteigert werden?

Was heute noch als Gruselfilm präsentiert wird – man denke an »Coma« und »Fleisch« – das wird in Zukunft ganz normal sein. Vielleicht werden lebensmüde oder geldhungrige Bürger ihren noch lebenden Körper verkaufen und sich in einer Fleischbank einfrieren lassen, wo sie langsam ausgeweidet werden? Heute ekelt uns davor, in Zukunft finden die Menschen das so normal wie wir heutigen, wenn wir die Toten in der Erde verscharren, wo sie von Würmern und Bakterien zerfressen werden, nach einiger Zeit einen gräßlichen Anblick bieten, wertvollen Grund wegnehmen und niemandem nützen.

Auch das Problem der Euthanasie, des freiwilligen Todes, wird auf nüchterne und allen zugutekommende Weise gelöst werden. Wer sterben will, darf es auch, aber nur, nachdem alle geschäftlichen Angelegenheiten vorher abgewickelt wurden. Es wird persönliche Entscheidung eines jeden einzelnen sein, obwohl natürlich nicht auszuschließen ist, daß da ein gewisser Druck von Seiten der Mitmenschen vorhanden und auch spürbar ist. Was mit denen geschieht, die sich zäh ans Leben klammern und ihren Körper partout nichr der Allgemeinheit zur Verfügung stellen wollen, das werden wir bei der Besprechung des 12. Feldes erfahren.

Bei der Erforschung außergewöhnlicher Zustände wird man auch ungeahnte Entdeckungen machen. So wird es in Zukunft möglich sein, die Energie Sterbender anzuzapfen, zu speichern und zu verkaufen. Das Geschäft mit den Lebenselixier-Kapseln wird blühen, zum Vorteil aller Beteiligten. Die Große Verschwendung, was das Sterben betrifft, wird vorbei sein. Außerdem kann ohnedies jeder seine eigene Wiedergeburt steuern. Wozu also dem Leben nachtrauern? Das nächste wird garantiert viel schöner!

Auch Zwischenstufen des Lebens wird es geben, halb Roboter, halb Mensch. Die Science-Fiction-Autoren nennen diese Wesen »Androiden«; »Kyborg« ist ein anderer Name. »Kyborgs«, schreiben Villoldo/Dychtwald , »können als Konzern-Manager oder als Piloten für Weltraum-Frachter sehr erwünscht sein, da es ihnen möglich wäre, sofort tausende von Informationsbits durch die Kanäle der metallischen Hälfte ihres Körpers zu registrieren und zu verarbeiten, direkt von einem Computer ins Gehirn.«

Vom Tod und vom Halb-Leben zum neuen Leben. Wir sind gerade mitten drin in der Problematik der Leihmütter, der In-vitro-Befruchtung (Befruchtung im Reagenzglas) und anderer damit zusammenhängender Möglichkeiten. Und die Probleme sind keineswegs nur juristischer Natur. Wer ist die echte Mutter? Was macht man, wenn die echte Mutter das Kind nachher nicht haben will, die Leihmutter aber auch nicht? Oder wenn beide Wert auf das Kind legen? Doch das ist nur der Anfang. Wirklich interessant wird die Sache, wenn die Männer Kinder austragen und gebären. Und das ist heute technisch bereits möglich!

Ein Artikel über männliche Schwangerschaft in der Zeitschrift OMNI beginnt mit dem ironischen Inserat:

»Ledige erfolgreiche Geschäftsfrau, 38, sucht warmherzigen, mütterlichen, nährenden Mann, 25–32. Wir wollen ein Baby haben: Ich zahle die Rechnungen, Du trägst es aus. Aussehen belanglos, aber große Bauchhöhle wäre ein Vorzug. Sende neueres Foto und Histokompatibilitätsprofil an ...

›Endlich!‹ dachte Jake, als er die Anzeige las. ›Ich hoffe nur, sie besteht nicht auf einer natürlichen Geburt.‹«

Wie lange, glauben Sie, wird es dauern, bis Sie so was in der Zeitung lesen? 5 Jahre, 10, 50 oder 100? Oder gehören solche Anzeigen zur Zeit, da dieses Buch erscheint, bereits zum Alltag gewisser Zeitschriften? An den mütterlichen Vätern liegt es nicht. Die sind in Massen da. Nur die Ärzte weigern sich, befruchtete Embryos in die Bauchhöhle schwangerschaftsbereiter männlicher Wesen einzupflanzen, obwohl es offenbar keine technischen oder medizinischen Probleme gibt, die nicht zu lösen wären. Auf jeden Fall wird in Zukunft auch das Geschäft mit den Leihvätern gut laufen. Vorurteile wird es keine geben. Das Zeichen Wassermann ist ohnedies androgyn, und warum sollen dann diejenigen, die zufällig ein Y-Chromosom in ihren Genen haben, auf die Freuden der Schwangerschaft, der Geburt und des Säugens verzichten?

Doch das ist nur der Anfang. Im Zusammenhang mit dem Zwillingszeichen im Sex-Haus wird es zu ungeahnten Veränderungen auch des menschlichen Körpers kommen. Vielleicht wird man außer den beiden bisher bekannten Geschlechtern weitere finden und in Mode bringen. Die heute noch als traurige Mißgeburten verachteten echten Zwitter (wissenschaftlicher Name: Klinefelter) werden in Zukunft vielleicht die vielbewunderten und nachgeahmten Menschen der Moderne werden. Denn sie haben ja alles.

Szenario 16: Wie hätten Sie's denn gern?

Nachdem Horst-Maria seine Maria wieder gefunden hatte (zwar nur als Klon, sozusagen als Gen-Programm, aber viel mehr war sie vorher auch nicht gewesen), fühlte er sich so »high«, daß er vor Glück hätte sterben können. Und genau das hatte er vor. Denn seine Kasse konnte eine Füllung gebrauchen.

Ein bißchen ängstlich war er ja schon, als er, mit vielen Drähten und Meßgeräten behangen, nackt vor den Kameras stand und das riesige Holzkreuz anstarrte, das vor ihm am Boden lag. Doch der Vertreter der Firma »Thanatos Unlimited« beruhigte ihn. »Es kann Ihnen nichts geschehen«, sagte er. »Wir haben da langjährige Erfahrung, und bis jetzt ist jeder erfolgreich wiederbelebt worden. Viele sind gar nicht gestorben, obwohl wir das, ehrlich gesagt, gar nicht so gern mögen. Der wahre Tod schaut einfach echter aus vor den Kameras. Außerdem zapfen wir die Todes-Energien an und speichern sie in den Thanatos-Batterien.«

»Und was machen Sie damit?« Der Firmenvertreter wich aus. »Wir verkaufen sie«, sagte er, »es gibt die eigenartigsten Kunden. Doch jetzt zu Ihnen. Da Sie sich nicht nur der Forschung, sondern auch der Öffentlichkeit zur Verfügung stellen, blüht Ihnen ein schönes Honorar der Filmverwertungsgesellschaft. Und Sie werden im Vorspann natürlich namentlich erwähnt.«

Horst-Maria fing an zu frieren. Der Thanatos-Vertreter aber sprach schon weiter: »Jetzt muß ich Sie noch fragen, auf welche

Weise Sie's wollen: phönizisch, römisch oder verschärft?« »Was sind denn die Unterschiede?« »Bei der phönizischen Art hängen Sie einfach am Kreuz und ersticken. Bei der römischen Variante können Sie sich auf ein Brett stützen. Normalerweise hält man das drei Tage aus, aber wir brauchen Sie selbstverständlich nur ein paar Stunden. Und die verschärfte Methode kennen Sie ja aus der Bibel.«

Horst-Maria wurde es schwarz vor den Augen. Auf was hatte er sich da eingelassen! Lieber in seinem Bett Galaxien abschießen als auf dem Kreuz zu sterben, wenn auch nur vorübergehend und für guten Lohn ...

Religion und Philosophie
(Übergang Skorpion → Waage)

Szenario 17: So laßt uns denn zum Reigen schreiten

Bei den Webers lasse ich mich immer gern zum Essen einladen.
Manchmal lade ich mich auch selber ein. Es liegt nicht nur an den
exzellenten Speisen, an den interessanten Getränken und an der
gemütlichen Atmosphäre in ihrem Haus, nein, was mich jedesmal am meisten beeindruckt, sind die Tischgebete. Dabei bin ich
gar nicht religiös. Aber die Webers denken sich immer etwas
Neues aus. Sie mischen Erhabenes mit Trivialem, Religiöses mit
Profanem.

Auch die Rituale an sich sind jedesmal neu. Manchmal halten
sich alle, recht konventionell, an den Händen. Dann wieder
tanzen sie einen dezenten Reigen um den Tisch oder durch den
Garten. Manchmal zerbröselt der Gastgeber hingebungsvoll und
wie ein Großlogen-Zeremonienmeister die Gewürze, dann wieder arbeitet er, am Abend, wenn es dunkel ist, mit Lichteffekten
aus farbigen Glühlampen.

»Wozu machst du das alles?« fragte ich ihn. Er lächelte
verschmitzt »Zur höheren Ehre Gottes«, sagte er ganz ernsthaft.
»Aber du glaubst doch gar nicht an Gott«, konterte ich. »Eben!«
sagte er, und begann mit dem nächsten Ritual ...

Wie es bisher war *(Skorpion)*

Schlimm, schlimm, kann man da nur sagen. Eines der düstersten
Kapitel der abendländischen Geschichte hat mit dieser Feld-
Zeichen-Kombination zu tun. Im Feld der Religion führte das
Zeichen Skorpion mit seinem Hang, persönliche Macht auszu-
üben und bis zum Äußersten zu gehen, mit seiner versteckten
Sucht nach Sex und Tod, zu den Ketzerverfolgungen und He-
xenprozessen, zu Inquisition und Schauprozessen, zu Missio-
nierung und Ausrottung. Nicht, daß das Zeichen Skorpion so
schlecht wäre. Aber in diesem Fall, zusammen mit dem schwa-

chen Hauptzeichen Fische, wirkte sich seine Stärke so schrecklich aus.

Es ist wichtig, diese Zustände zu kennen, da wir dann auch
besser Voraussagen für das 10. Feld machen können. Denn in
Zukunft wird das 10. Feld vom Skorpion-Zeichen beherrscht
werden. So funktionierte die Inquisition als perfekte Geheimpolizei moderner Machart. Durch ein System von Spitzeln wurden
über alle Personen Informationen gesammelt und sorgfältig
aufbewahrt. Es gab Fälle, in denen dem Nachkommen eines
»Ketzers« nach über 100 Jahren die Vergehen seines Vorfahren
vorgehalten wurden! Keiner soll glauben, daß so etwas erst im
Zeitalter der Computer möglich ist. Organisation ist alles – und
eine eiserne Entschlossenheit.

Die modernen Geheimdienste, von Stalin über den Schah von
Persien bis zu den Diktatoren Lateinamerikas, haben von diesen
Menschenjägern viel gelernt. Geheimhaltung und der ewige,
nicht ausgesprochene Terror, das waren Mittel zur Macht. Dazu
kam eine sorgfältig ausgearbeitete, psychologisch gut durch-
dachte Verhörtechnik. Sie kam ohne Folter und Gewalt aus.
Allein die subtile Beherrschung des Gegenübers durch Manipu-
lation von Sprache und Seele, das genügte der Inquisition. Die
Schrecken der Folterkammern waren recht irdischen Ursprungs.
Und die Hexen wurden zum Großteil ihres Besitzes wegen
verbrannt. Denn der fiel den Richtern zu.

Dennoch ist auch hier der Einfluß des Skorpion-Zeichens zu
spüren. Sex und Tod gingen in den Folterkammern der Henkers-
knechte eine schreckliche Ehe ein. Die unglücklichen Männer
und Frauen waren nackt den Quälereien ausgesetzt. Auch die
damals üblichen grausamen Hinrichtungen wurden zu einer
Quelle sexueller Lust für die Zuschauer. Nicht alles kann man
dem Skorpion-Zeichen zuschreiben. Auch das gefühlsstarke
Krebs-Zeichen hat seinen Beitrag zu diesen schrecklichen Auswüchsen geleistet.

Andererseits waren Religionsgründer oft selbstbewußt und
bereit, bis zum Äußersten zu gehen. Der Skorpion-Geborene
Martin Luther sagte angeblich: Hier stehe ich, ich kann nicht
anders. Allerdings hatte er Rückendeckung durch die Mächtigen

in einigen Staaten. Und auch die Faszination des Todes ist bis in unsere Tage zu beobachten. Man denke an den Massenselbstmord einer Sekte im Urwald von Guayana, der auf Befehl ihres Führers mit dem ernüchternden Namen Jones durchgeführt wurde.

Auch in der Philosophie ging der abendländische Mensch bis zum Äußersten. Und manchmal bekämpften sich die Philosophen auch bis aufs Messer. Einer bestimmten Philosophie oder Weltanschauung anzugehören, konnte oft tödlich sein. Jedenfalls dann, wenn man in der falschen Zeit oder im falschen Land oder unter der falschen Regierung lebte.

Wie es werden wird *(Waage)*

Die Zeit der Religions- und Philosophie-Kämpfe ist vorbei. Unter dem verbindlich-unverbindlichen Waage-Zeichen werden alle noch anstehenden Probleme unter diplomatischen Floskeln vergraben werden. Religion wird keine Sache auf Leben und Tod sein, sondern eine Angelegenheit schöner Rituale und alles verbindender, aber nichtssagender Phrasen.

Die Denker des kommenden Milleniums haben Besseres zu tun als sich Gedanken zu machen über die einzig wahre Weltanschauung. Dafür gibt es zu viele Parallelwelten zu erforschen. Die Fähigkeit des Waage-Zeichens zum Ausgleich wird dazu führen, daß alle großen und viele kleine Religionen das Gemeinsame ihrer Lehren entdecken und die Unterschiede für belanglos erklären. Dadurch wird inoffiziell eine Art Weltreligion entstehen, deren Wesen aber nicht im Inhaltlichen, sondern im Formalen liegt.

Die Bedeutung von Religion und Philosophie wird sich völlig wandeln. Nicht mehr zum Urgrund der Existenz will man vorstoßen, sondern durch schöne Gedanken und verbindende Worte die Menschen zueinander bringen und ihnen ein paar ebenso nette wie unverbindliche Stunden bereiten.

Einige Religionen und philosophische Systeme sind für diesen Zweck besser geeignet als andere. An erster Stelle der verbindenden Religionen steht die Ende des vorigen Jahrhunderts aus dem Islam hervorgegangene B'ahai-Religion. Ihr Ziel ist der Weltfriede, die Mittel sind gemeinsame Lesungen aus den frommen Büchern der Menschheit. Christliche Gedanken finden sich dort ebenso wie jüdische. Die Anhänger dieser Religion sind nicht militant, aber auch keine Märtyrer. Im übrigen gibt es mehrere islamische Sekten dieser Art. Man denke an die Sufis mit ihrer Tradition religiöser Toleranz.

Eine andere Religion mit guten Aussichten auf Aufnahme in die Große Religion der Zukunft ist der Buddhismus. Seine etwas träge, aber offene und tolerante Haltung prädestinieren ihn geradezu für die kommende Epoche. Auch die Meditationstechniken des Buddhismus sind für die erlebnishungrigen Menschen der Zukunft höchst interessant. Man wird also annehmen müssen, daß dem Buddhismus in Zukunft auch im Westen weit mehr Bedeutung zufallen wird als bisher.

Als Gegenkandidaten präsentieren sich der fanatische und frauenfeindliche Islam und der traditionsbestimmte und verbohrte Judaismus. Das Christentum in seiner heutigen Form nimmt, trotz Papst und Verbot der Empfängnisverhütung, eine Mittelstellung ein. Es könnte in die Weltreligion integriert werden. Jedenfalls sind von unten zahlreiche Erneuerungsbestrebungen im Gange, die letzten Endes Erfolg haben und zu einem geläuterten Christentum führen werden.

Die Philosophie als sinnvolle Beschäftigung des menschlichen Geistes hat ohnedies schon ausgedient. Der Positivismus verzettelt sich in sterilen Nicht-Existenz-Beweisen. Der Behaviourismus entzieht sich jeglicher Gedankenarbeit und verläßt sich voll auf seine Meßgeräte. Der Strukturalismus behauptet, es gäbe Strukturen in der Welt, eine Tatsache, die ja niemand bezweifelt. Und die unzähligen sonstigen Ismen sind entweder überlebt oder farblos. Wer braucht sie schon.

Auch die dem 9. Feld unterstehenden internationalen Beziehungen werden auf eine andere Grundlage gestellt. Mehr darüber bei der Besprechung des 11. Feldes, das in diesem Fall fast die gleiche Funktion ausübt.

Szenario 18: Computer sucht Gott

Das Theologische Seminar der Universität Tübingen initiierte in Zusammenarbeit mit dem Buddhistischen Zentrum Berlin und der B'ahai-Gesellschaft Wien ein Forschungsprojekt ungewöhnlicher Natur. Der neu angeschaffte Superrechner Cray III sollte mit Hilfe eines auf künstlicher Intelligenz basierenden Sprachanalyseprogramms herausfinden, was die großen Religionen der Menschheit an echten Gemeinsamkeiten aufzuweisen hätten.

Dazu müßten erst die Inhalte aller relevanten heiligen Schriften in normierter und computerverständlicher Form dem Programm angeboten werden. Das Programm würde dann eine semantische Analyse dieser Texte vornehmen und alle Gemeinsamkeiten hinsichtlich Bedeutung und Analogie vermerken. Am Ende müßte dann ein Katalog von Stellen mit gleicher Bedeutung herauskommen.

Besonderes Aufsehen in der Öffentlichkeit erregte das spezielle Forschungsvorhaben, die gemeinsamen Eigenschaften Gottes auf diese Weise zu ergründen. »Wir wissen danach«, so Projektleiter Pater Dominian, »wer Gott ist, und wir können ihn besser lokalisieren. Vielleicht«, fügte er hinzu, »finden wir ihn dann auch leichter!«

Lebensziele und Politik
(Übergang Schütze → Skorpion)

Szenario 19: Wer war's?

Wer war's, 1. Fall: Er wurde zum glühenden Anhänger einer philosophisch-politischen Doktrin, deren Stärke in der Analyse wirtschaftlicher Vorgänge bestand und die als Endresultat politischer Entwicklung die Abschaffung des Staates prophezeite und forderte. Als eigentlicher Organisator einer berühmten (aber falsch datierten Revolution) bereitete er seinem Chef den Weg zur Macht. Im nachfolgenden Bürgerkrieg riß er als Kriegsminister sein Volk zu ungeheurem Einsatz empor. Er entfachte in ihm Kräfte, die niemand für möglich gehalten hatte, und wahrscheinlich ist es ihm zu verdanken, daß die junge Regierung überleben und ihr Regime etablieren konnte.

Später beschäftigte er sich mit Kunst, wurde unter dem Nachfolger seines Chefs ganz langsam entmachtet und starb schließlich eines gewaltsamen Todes: Ein von seinem politischen Widersacher gedungener Mörder erschlug ihn mit der Spitzhacke.

Wer war's, 2. Fall: Er wurde zum glühenden Anhänger einer politischen Doktrin, die sich besonders mit Fragen der Macht, der Rassen und des Überlebens (oder Untergangs) ganzer Völker beschäftigte. Er wurde Propagandaminister, und seine Aufgabe war es, nach Verkündigung des totalen Krieges, das Volk zum letzten Einsatz emporzureißen, was ihm anscheinend recht gut gelang.

Er starb eines gewaltsamen Todes, allerdings von eigener Hand. Als der Krieg verloren war, vergiftete er sich, seine Frau und seine acht Kinder.

Wer war's, 3. Fall: Er war glühender Anhänger seiner eigenen Philosophie, die darin bestand, sein Volk in einem Akt ungeheurer Anstrengung aus dem Mittelalter in die Neuzeit zu katapultieren. Wer sich ihm in den Weg stellte, wurde durch eine perfekt funktionierende Geheimpolizei gejagt, gefoltert und ermordet.

Nur einer leistete ihm Widerstand aus dem Exil: einer, der noch glühender von seiner eigenen Sendung überzeugt war, aber von Modernem nichts hielt.

Nach den gewaltigen Turbulenzen der letzten Revolten in seinem Land verließ der Herrscher seine Heimat und starb kurz danach im Land eines befreundeten Staatsmannes an Krebs.

Zusatzfrage: Was haben die drei Männer gemeinsam? Hinweis: Es ist etwas Astrologisches...

Wie es bisher war *(Schütze)*

Der Staat als Unternehmer: So könnte man die Funktion unserer Staaten beschreiben. Folgerichtig waren die Staatsführer ebenfalls Unternehmer. Sie konnten genausogut in die Industrie überwechseln oder aus der Industrie kommen – was oft genug geschah. Ein besonders gut funktionierendes Staatswesen dieser Art bietet die Schweiz. Hier geschieht der Wechsel sogar zwischen drei Institutionen: Staat, Wirtschaft und Militär. Und niemand nimmt Anstoß daran. Warum auch, die Wirtschaft blüht ja.

In allen Industrieländern, denen es gut geht, funktioniert dieses System. In den kommunistischen Ländern funktioniert es nicht, weil es dort keine freie Wirtschaft gibt. Folglich geht es denen auch wirtschaftlich nicht so gut wie uns. Doch diese Ziele – wirtschaftliches Wachstum, Herstellen internationaler Beziehungen, unternehmerisches Risiko, ständige Aktionen – wird ganz langsam schwinden. Und das wird die Chance der kommunistischen Länder sein. Doch zurück zu unserer Zeit.

Das Zeichen Schütze ist ein guter Verkäufer. Also war es bisher wichtig, sich selbst als Politiker, seine Leistungen und den Staat als Ganzes möglichst gut zu verkaufen. Schütze ist auch das Zeichen des Personenkults. Bezeichnenderweise war die Persönlichkeit, der man den Personenkult am meisten vorwarf, selbst ein Schütze. Gemeint ist Stalin, der langjährige Herrscher über Rußland und die anderen Staaten seines Vielvölkerreiches.

Um den Unterschied zwischen einem Staatsmann und einem Politiker augenfällig zu demonstrieren, nehmen wir als Beispiel den einzigen Staatsmann, den die Bundesrepublik seit ihrer

Existenz hervorgebracht hat. Unser Mann hat die erstarrten Fronten zum Osten aufgeweicht und den Mut zu den Ostverträgen gehabt. Er wurde mit dem Friedens-Nobelpreis ausgezeichnet und ist auch heute noch, in hohem Alter, einer der jüngsten, mutigsten und geistig aktivsten seiner Partei. Allerdings hat ihn die Tagespolitik nie interessiert. Seine Stärke lag in den kühnen Ideen und den internationalen Beziehungen, die er pflegte und für die er auch heute noch hohes Ansehen genießt, wenngleich nicht in seiner Heimat, wo er oft verfemt wurde.

Heute ist er immer noch Vorsitzender einer Kommission, die sich mit dem Nord-Süd-Konflikt beschäftigt, mit dem Gegensatz zwischen arm und reich in der internationalen Politik, also mit Fragen von weltumspannender Wichtigkeit. Auch ein gewisser Hang zum Personenkult kommt gelegentlich durch. Journalisten, die ihm nicht die nötige Ehre erweisen, werden kurz abgekanzelt und wie ungezogene kleine Jungen behandelt. Weil er sich zu wenig um die Tagespolitik kümmerte, weil er kein Politiker, Taktiker und Intrigant war, sondern ein Mensch mit Weitblick und Sinn fürs Übergeifende, stolperte er auch über eine Kleinigkeit. Zwar werden manche behaupten, Spione seien nichts, was man ignorieren dürfe, doch wird meiner Ansicht nach der Spion als solcher viel zu sehr romantisiert, seine Bedeutung übermäßig aufgeblasen. Kurzum: Wegen des Spions trat er zurück, aber sein Einfluß war auch danach immer noch stark zu spüren.

Dieser Mann wurde unter dem Zeichen Schütze geboren. Sie haben ihn sicher schon erkannt. Willy Brandt. Persönlichkeiten seiner Art finden wir aber genügend in der abendländischen Geschichte. Es sind all jene Staatsmänner mit Zukunftsvisionen, die sich mit philosophischen Gedankengängen den Weg in die Realität bahnten, die ein großes Reich gründeten oder ihrem Volk wieder Visionen gaben.

Diese kühnen und optimistischen Unternehmer gab es in gleichem Maße, vielleicht sogar noch öfter, in der Wirtschaft. Dort gründeten sie ihre Imperien und Unternehmen, bauten die internationalen Beziehungen und Verflechtungen aus, ließen sich auch feiern (die Firma erhielt ihren Namen, ihr Portrait hing in allen Büros) und wurden nie müde, ihr Reich auszuweiten und mit neuen Ideen zu versehen. Sie waren wesentlich beteiligt am Aufbau unseres Wirtschaftssystems und unserer technischen Kultur.

Das 10. Feld als höchste Stelle des Horoskops repräsentiert auch unsere Lebensziele, das, was öffentlich sanktioniert und gefördert wird. Übersetzen wir die bisherigen Kenntnisse in die Sprache der Wirklichkeit, dann heißt dies: Jeder will Unternehmer werden. In den westlichen Industrieländern, aber auch in vielen nicht-ideologisch orientierten Entwicklungsländern, liegt das höchste Ziel beruflicher Existenz darin, selbständig zu sein, ein eigenes Unternehmen zu besitzen und dort als der große Macher anerkannt zu werden. Unzählige versuchen es jedes Jahr, unzählige scheitern. Aber das tut dem Unternehmen als solchem keinen Abbruch. Der Gescheiterte beginnt eben von vorn, mit Schwung, Optimismus, guten Beziehungen und großzügigem Denken (auch, was sein Bankkonto betrifft).

Wie es werden wird *(Skorpion)*
Beginnen wir hier umgekehrt, mit den Lebenszielen. Das Zeichen Skorpion hat keine Scheu vor Extremen. Es steigt in tiefste Tiefen ebenso hinab wie es die höchsten Höhen erklimmen will, und zwar ohne Sauerstoffmaske. Womit wir bei einem Phänomen wären, das heute noch eher im Verborgenen schlummert oder als Kuriosum abgetan wird, das aber die nächste Menschheitsepoche beherrschen wird. Gemeint ist der Wunsch, bis zum äußersten zu gehen, die eigenen Möglichkeiten bis zum letzten auszuloten, seinem Körper, seiner Seele und seinem Geist das Äußerste abzuverlangen. Das »Flow-Erlebnis« nennt es der amerikanische Psychologe Mihaly Csikszentmihalyi. Hier einige Beispiele für Menschen, die sich nicht schonen, die, scheinbar aus Spaß an der Sache, sich selbst rücksichtslos vergewaltigen:
– der Chirurg, der stundenlang in eiserner Konzentration eine Operation auf Leben und Tod ausführt;
– der Tänzer oder der Schachspieler, der in seinem Tun völlig aufgeht;

– der Fassadenkletterer, der eine Betonmauer, einen Kamin oder eine überhängende Felswald besteigt, möglichst ohne Hilfsmittel, sich nur auf die Stärke seiner Finger verlassend;
– der Marathonläufer, der längst am Punkt ist, wo ihn alle Kräfte verlassen haben und der dennoch in einer Art Rausch- oder Trance-Zustand weiterläuft, bis er (oder sie) zusammenbricht und trotzdem von den Massen bejubelt wird;
– der Bergsteiger, der den Himalaya ohne Sauerstoffmaske besteigt, einfach um festzustellen, ob er das kann;
– der Hacker, der tage- und nächtelang ununterbrochen am Computer hockt, sich nur von Chips und Cola ernährt und erst dann in die Welt des Lichts und der Geräusche zurückkehrt, wenn er seinen »bug« (seinen Programmfehler) gefunden hat oder ins feindliche Lager der konventionellen Datenbanken eingedrungen ist.

Es gäbe noch unzählige Beispiele, und es gäbe auch in jedem Fall prominente Namen zu nennen. Doch interessiert uns nur das Phänomen als solches und was dahintersteckt. Denn diese Männer und Frauen tun es nicht, um berühmt zu werden. Sie tun es nicht wegen Anerkennung, Geld, oder um etwas zu erreichen. Der einzige Grund ist der Rausch des Augenblicks, der ewig dauert. Sich selbst jenseits aller Grenzen zu erleben, das ist es, was diese Menschen fasziniert. Und dafür riskieren sie lebenslanges Siechtum oder den Tod. Die Belohnung aber ist Unverständnis oder Abscheu, zumindest von außen.

Goethes Faust rief: Verweile doch, du bist so schön. Und ab da gehörte seine Seele dem Teufel. Beim Mensch der Zukunft wird es umgekehrt sein. Er könnte rufen: Verweile doch, du bist so schrecklich, und ab da ist seine Seele göttlich. Aber er wird diesen Moment (der sich zur Ewigkeit dehnt) nicht als schrecklich empfinden, sondern einfach als »tief« oder »hoch«, was im Lateinischen ja das gleiche bedeutet.

Die Karriere der Zukunft wird nicht mehr in der Anerkennung durch die Umwelt liegen, nicht mehr in der Gründung einer Firma oder im Empfang des eisernen Verdienstkreuzes am Hosenband; die Karriere der Zukunft wird die Erprobung und Erforschung der eigenen Grenzen bilden. Macht über sich selbst, das ist es, was der Mensch des Wassermann-Zeitalters anstrebt. Es wird eine Reise ins Innere sein, allein, ohne Anerkennung, aber mit großer Befriedigung und Beglückung verbunden.

»Ist der Körper dazu fähig«, fragen Villoldo/Dychtwald in ihrem Buch »Millenium«, »kontinuierlich vorhergegangene Leistungen zu übertreffen?« Diese Frage wird sich der Mensch der Zukunft immer wieder stellen. Und die Autoren geben gleich ein etwas makabres Beispiel: »Es könnte sogar irgendwann einmal in Mode sein, sich selbst mit Hepatitis zu infizieren und in die Tiefen von Depressionen hinabzusteigen.«

Sherry Turkle hat in ihrem Buch über die Hacker-Kultur ähnliches festgestellt. »Es ist eine Psyche«, schreibt sie, »die fordert, daß man ständig die Grenzen des physisch Möglichen erkundet, daß man ›an den Rand der äußersten Hülle stößt‹.«

»Die Hacker am MIT«, fährt sie fort, »nennen das ›sport death‹ – Geist und Körper werden über ihre Grenzen hinausgetrieben, der Körper wird so stark gefordert, daß er kaum noch das Denken zu unterstützen vermag, und dann wird vom Geist mehr verlangt, als er nach herkömmlichen Vorstellungen jemals herzugeben in der Lage sein könnte.«

»Normalerweise«, sagt ein Hacker, »warte ich so lange, bis ich mein Äußerstes geben muß, und dann brenn ich total aus.« Und der SPIEGEL bezeichnete in einem Beitrag über Marathonläufer diesen Drang zum Letzten als »Lust am Leiden«, fügt aber hinzu, daß mehr dahinterstecken müßte, ohne angeben zu können, was das sei.

Die Ziele des Skorpion-Zeichens verbinden sich mit dem Freiheitsdrang des Wassermanns zu jener Experimentierfreude, die vor nichts halt macht und erst dann aufhört, wenn es nicht mehr weitergeht. Doch diese Grenze des Erträglichen wird immer weiter hinausgeschoben, auf Kosten der seelischen und körperlichen Gesundheit. Daher wird es im Wassermann-Zeitalter so viele Zusammenbrüche geben. Der Mensch geht freiwillig bis zum Äußersten, weil das jeder tut, weil es oberstes Lebensziel ist, weil ihn sein Trieb, alles zu erforschen, dazu zwingt. Und die Politiker werden das ausnützen.

Womit wir zum zweiten Teil unserer Betrachtungen der astrologischen Himmelshöhe kommen. Wie sehen Politik und Staatswesen der kommenden Epoche aus? Eigentlich ist die Sache ganz einfach. Was der Normalbürger erstrebt, macht der Politiker ihm vor. Dennoch kommen da einige Feinheiten hinzu.

Zunächst zu den Politikern, die im Szenario zu Beginn des Kapitels vorgestellt wurden. Nr. 1 hatte den Namen Lew Bronstein, war aber besser bekannt als Leo Trotzki; Nr. 2 hieß Goebbels, und Nr. 3 war der Schah von Persien. Alle haben sie gemeinsam das Zeichen Skorpion, unter dem sie geboren wurden. Und alle drei holten das Äußerste aus ihren Völkern hervor. Sie stimulierten sie zu Aktionen auf Leben und Tod.

Solche Männer und Frauen wird die Zukunft an die Spitze des Staates stellen. Normale Herrscher wird es keine geben. Menschen, die ihrem Volk Vorbild sind und es ansonsten in Ruhe lassen – die Zeiten sind vorbei. Seltsame Gestalten werden an die Spitze des Staatswesens kommen, auf eigenartige Weise, unerwartet, aus der Tiefe, geheimnisvoll. Sie werden wie Magier alten Stils aussehen, den Bürgern ungeheure Leistungen abverlangen, dabei aber selbst als Vorbild vorangehen, bis sie, total ausgelaugt und ihrer magischen Macht beraubt, eines Tages auf ebenso geheimnisvolle Weise wieder verschwinden – vielleicht ermordet, vielleicht bei ihrem Lieblingsprojekt untergegangen, durch Selbstmord verendet oder mit Hilfe von Vudu-Zauber ausgeschaltet. Möglicherweise existieren sie noch irgendwo, als Zombies, als ausgelaugte, nicht mehr ganz menschliche Wesen, als lebende Tote, denen man keine letzte Ehre erweist und keine letzte Ruhe gönnt – was sie mit ihren Untertanen auch nicht taten.

Das Zeichen Skorpion macht vor nichts halt. Es zeigt keinen Ekel und keine Gnade, auch nicht vor sich selbst. Und es tendiert zum Extrem, es ist, um in unserer heutigen Ausdrucksweise zu bleiben, extrem gut oder extrem böse, was im Zeitalter des Alles-oder-Nichts ohnedies keinen Unterschied machen wird.

So werden die Herrscher der Zukunft sich der Aufgabe widmen, die Erde wieder sauber zu machen, das ökologische Gleichgewicht herzustellen und die Wüsten in blühende Gärten zu verwandeln. Aus ihren Mitarbeitern werden sie das Beste herausholen, eine ungeheure Begeisterung und nicht geahnte Kräfte. Aber irgendwann wird das Projekt steckenbleiben, der Anführer aus einem Weißen Magier in den Sumpf Schwarzer Magie abstürzen und alles ein schreckliches Ende nehmen. Bis der nächste kommt und von vorne beginnt.

Skorpion ist interessiert an Magie, Mystik, ist fasziniert von Sex, Tod und Hypnose. Schon heute ist zu sehen, daß für die Vorläufer der künftigen Herrscher, die religiösen Gurus, Sex eine zentrale Angelegenheit ist. Teilweise wird sexuelle Betätigung noch verbrämt durch ein therapeutisches Mäntelchen, hinter dem sich die frustrierten Leistungsbürger endlich austoben können.

Auch die Hypnose und ihre zahlreichen Abwandlungen werden zum Standardmittel künftiger Herrscher werden. Durch subtile Beeinflussung des tiefen Unterbewußtseins über bewußt nicht wahrnehmbare Botschaften aus TV und Computer, aus Telefon und Modem, aus dem Wasserhahn und der Erdgasleitung, wird ihnen die geheime Macht über ihre Untertanen sicher sein. Oder zumindest glauben sie das.

Die Rücksichtslosigkeit des Zeichens Skorpion – gegen sich und andere – wird sich auch ganz konkret auswirken. Wir haben schon erwähnt, daß die politischen Verhältnisse der Zukunft zumindest eine zeitlang so aussehen werden wie die satirisch aufgeweichte, aber immer noch schreckliche Version von Orwells »1984«. Die englische Komikertruppe Monty Python hat ihrem Landsmann in dem Film »Brazil« ein ebenso witziges wie grausiges Denkmal gesetzt. Dort wimmelt es von Terroranschlägen der Terroristen und der Geheimpolizei. Während im Luxusrestaurant die Bombe platzt und brennende Leiber sich schreiend am Boden wälzen, wird auf typisch britische Art weitergegessen. »Gar nicht erst ignorieren«, wie der Österreicher sagen würde. Und der Held gerät zuletzt, trotz persönlicher Beziehungen und Überlistung des Zentralcomputers, in die Hände der Geheimpolizei, wo er von seinem besten Freund in den Wahnsinn gequält wird. Schöne Aussichten!

Doch die Bemühungen einer auf persönlicher Macht, auf

Geheimpolizei, Computer-Überwachung und lückenloser Datenerfassung begründeten Staatsmacht werden durch die Listigkeit der nicht-organisierten Hacker immer wieder durchkreuzt. Sie, die sich heute schon in »Chaos-Klubs« organisiert haben, dringen in die Datennetze der Herrschenden ein, lassen elektronische Viren auf die Computer los und bringen ans Tageslicht, was durch Jahrhunderte geheim bleiben sollte. Und sie sind nicht zu fassen, denn es gibt keinen Kopf, keine Organisation, kein Zentrum. Sie sind überall und nirgends, und solange auch nur ein einziger Hacker auf der Welt lebt, werden die Aktionen fortgesetzt.

Dieser Kampf der geheimen gegen die modernen Magier, der Machthaber gegen die Machtlosen, der Staatsgewalt gegen die Gewaltlosen, wird die nächsten Jahrhunderte beherrschen. Es wird ein ebenso schrecklicher wie witziger Kampf werden, und oft wird man nicht wissen, ob man das alles ernst nehmen soll oder lachen darf. Insofern beschreibt der Film »Brazil« auch die Stimmung der kommenden Zeit sehr gut. Ein anderer Engländer, der Science-Fiction-Autor John Brunner, hat diese Verhältnisse in seinem Buch »Der Schockwellenreiter« bereits in den sechziger Jahren sehr treffend geschildert.

Hinter all dem steht eine Art religiöser Eifer ähnlich dem der Kreuzzüge. Theodore Roszak sieht das so: »Es gibt schon genügend Anzeichen für diese grausige Möglichkeit« (gemeint ist 1984). Wir brauchen uns nur die autoritären Kulte anzusehen, zu denen die Menschen hinströmen, wenn sie die Qualen der Identitätskrise und die ökonomische Unsicherheit nicht mehr ertragen.« Und er benennt die Herrscher der Zukunft: falsche Heilsbringer, ausbeuterische Gurus, psychiatrische Unternehmer. Aus diesem New-Age-Konglomerat selbsternannter Erleuchteter werden sich die Herrscher der Zukunft rekrutieren.

Aber leicht werden sie es nicht haben. Nicht nur, daß ihnen die Einstellung des typischen Wassermanns (»Der Staat bin ich«) in die Quere kommt, es gibt noch eine andere Diskrepanz, die jegliche Herrschaft dieser Art nach kurzer Zeit wieder zum Erliegen bringt. Beachten Sie folgenden Gegensatz: Das

Zeichen Skorpion liebt das *Geheime*, das 10. Feld aber steht für die *Öffentlichkeit*. Wie kann man diese beiden einander ausschließenden Begriffe miteinander vereinen?

Mit dieser Frage werden sich die künftigen Staatsmänner tagtäglich auseinandersetzen müssen. Denn im Gegensatz zur Inquisition, die tatsächlich im Geheimen ihren Geschäften nachgehen konnte, ist diese Möglichkeit nun verbaut. Alles Geheime wird nach kurzer Zeit öffentlich. Wenn sich die Macht der Mächtigen aber darauf stützt, etwas zurückzuhalten, wie wollen sie dann mächtig sein?

Diesen Widerspruch können wir schon heute beobachten. Die Machenschaften der Gurus und der Politiker werden in immer schnelleren Abständen durch die Medien und teilweise durch Hacker ans Tageslicht gebracht. Die Macht dieser Männer (Frauen sind hier kaum vertreten) kann aber noch eine Zeitlang aufrechterhalten werden, bis ihr Reich wie eine von Termiten zerfressene Holzhütte in sich zusammensackt und nur noch verwehter Staub übrigbleibt. In jüngster Zeit ging ein solcher Fall durch die Presse (siehe unser Szenario am Ende des Kapitels).

Somit kennen wir bereits zwei Regulative für die geheime Macht der öffentlichen Herrscher: die Hacker als Symbol des Freiheitsdrangs der Wassermann-Menschen und das 10. Feld als Haus der Öffentlichkeit. Ein drittes Regulativ finden wir im 11. Feld, das im nächsten Kapitel besprochen wird.

Interessanterweise wird einem Land mit typischer Skorpion-Regierung dieser Widerspruch gerade jetzt sehr deutlich. Ich meine die Sowjetunion mit ihrer langen Tradition der Geheimhaltung, Zentralisierung und staatlichen Unterdrückung. Um mit den anderen Ländern, besonders mit ihren traditionellen Feinden, mithalten zu können, müssen Mikroelektronik und Computerindustrie gefördert werden. Das ist allen klar. Klar ist aber auch, daß diese zwei Bereiche eminent demokratisch sind und nur auf total demokratischer Grundlage überhaupt existieren können. Denn hier geht es in erster Linie um die rasche und gezielte Verarbeitung von Information. Wenn man aber aus jedem Fetzen Nachricht ein großes Geheimnis macht, wie will man dann Computer bauen, entwickeln, einsetzen und verbessern?

Wie die Sowjetunion mit diesem Widerspruch in nächster Zeit fertig werden wird, das wird ein interessantes Licht auf künftige Verhältnisse werfen. Denn der Westen geht den umgekehrten Weg. Er nähert sich vom Zustand der repräsentativen Demokratie den Verhältnissen persönlicher, quasi-religiöser Diktaturen. Der Zeitgeist wird diesen Trend unterstützen, die Macht des Einzelnen wird ihn untergraben. Keiner von beiden wird siegen, aber die Spannung wird bleiben.

Das politische System der Zukunft ist damit umrissen. Die repräsentative Demokratie wird es nicht mehr geben. Es hat auch keinen Sinn, wenn einige wenige die Interessen vieler vertreten. Denn jeder Bürger des künftigen Staates hat als extremer Individualist seine eigenen Interessen. Und die vertritt er auch selbst. Parlamente werden also überflüssig, Wahlen ebenfalls. Was bleibt dann noch von unserem System? Wer hat überhaupt jetzt noch die Macht? Die Politiker, deren Geldgeber, die multinationalen Konzerne oder ausländische Interessengruppen?

In Zukunft wird die Macht des Staates langsam schwinden, zugunsten der Selbstorganisation in kleinen Gruppen. Dafür werden öffentliche Vorbilder, Führer und Machthaber auftauchen, deren Legitimation zum Herrschen nur in ihrer Persönlichkeit zu finden ist, in ihrer Ausstrahlung, in den magischen Praktiken, dem Vorbild, das Letzte aus sich und den anderen herauszuholen. Sobald sie nicht mehr gebraucht werden oder ihre persönliche Macht verlieren, werden sie entfernt – ebenso schnell und rücksichtslos, wie sie gekommen sind. Und ihre Hausmacht wird sich ebenfalls in Nichts auflösen – bis der nächste kommt und von vorne beginnt.

Möglicherweise wird der Anschein einer parlamentarischen Demokratie noch eine Zeitlang aufrecht erhalten, wie es ja auch in diktatorisch regierten Ländern der Fall ist. Dann aber werden die Staatsoberhäupter keine Politiker mehr sein, sondern Filmschauspieler oder Komiker.

Szenario 20: Bhagwan übernimmt Bayern

Wie das Nachrichtenmagazin »DR. SPIEGEL« in seiner Sonderausgabe bereits berichtete, kaufte Bhagwan über seine (wieder mit ihm versöhnte) Beauftragte Ma Sheela den Freistaat Bayern. Laut DR. SPIEGEL »lockte sie den Herrscher auf dem Bayernthron nicht nur mit Geld. Darüberhinaus offerierte sie ihm die Abschaffung jeglichen Datenschutzes, Verbot von Opposition und Vermummung.«

Die Königlich-Bayerischen Post-Hacker verkündeten sofort nach der feierlichen Inthronisation des greisen Gurus den totalen Datenkrieg. »Wir werden nicht eher ruhen«, so die Botschaft, die sie durch alle von ihnen kontrollierten Fernmeldekanäle schickten, »bis das letzte offizielle Datum in der letzten staatlichen Datenbank von unseren Viren aufgefressen wurde.« Zur Bekräftigung ließen sie, eigenen Worten zufolge, ein Super-Virus-Monster los, das sich dank neuartiger Techniken den Weg durch alle bekannten und mit dem Staatsministerium für innere Sicherheit verbundenen Datenbanken fressen sollte, wobei alle im Weg liegenden Daten vernichtet würden.

Den religiösen Ringer für eine bessere Welt focht das nicht an. Im Hier und Jetzt sollten seine Bürger ruhen, nicht im Dort und Irgendwann. Damit sie aber nicht zu bequem würden und auf schlechte Gedanken kämen (etwa Sex zu zweit und nicht in Gruppen), konzipierte Bayerns Oberguru ein gigantisches Projekt für seine Untertanen. »Was ist schöner«, verkündete er von der Kanzel der Staatskanzlei, »als eine Wüste in einen blühenden Garten zu verwandeln?« Doch da die Wüsten Bayerns eher geistiger Natur seien, so der Göttliche, müsse man nach einer echten Wüste Ausschau halten. Da gäbe es aber nur eine, die seiner Vorstellung von Größe entspreche, und das sei die Sahara.

Die Fruchtbarmachung der Sahara würde diese der Zivilisation und damit auch dem wahren Glauben (an ihn, den Erleuchteten) eröffnen. Außerdem hätte er nach ihrer Zivilisierung endlich Gelegenheit, seine zahlreichen Rolls Royces mal richtig auszufahren.

Freundschaften
(Übergang Steinbock → Schütze)

Szenario 21: Aussteiger

Hans-Eberhard T. war bis vor kurzem erfolgreicher Manager einer mittelgroßen Elektronik- und Computerfirma. Sein Aufstieg verlief stetig und unaufhaltsam. Denn er hatte Ideen und auch den Mut, sie zu vertreten und sie durchzusetzen.

Doch plötzlich war Hans-Eberhard ausgestiegen. Überraschend hatte er gekündigt, seine Aktien verkauft und war untergetaucht. Bei einem Tantra-Seminar in Griechenland traf ich ihn wieder. Was er denn jetzt so täte, fragte ich ihn. Er sei, sagte er mir allen Ernstes, Netzwerk-Manager geworden. Das Managen könne er ja, nur die Struktur unserer Firmen, die Hierarchien, Verhaltensweisen und Ziele, hätten ihn allmählich abgestoßen. Den Netzwerken dagegen gehöre die Zukunft, und da die meisten Netzwerkmitglieder extreme Individualisten wären (fast schon Anarchisten), bräuchten sie jemanden, der ihnen beim Aufbau und bei der Konsolidierung dieser Netze helfe. Und das sei er.

Ob er dafür Geld bekomme? Nein, das mache er nur aus ideologischen Gründen. In sehr modifizierter Form halte er sich für einen Angehörigen der »Offenen Verschwörung«, wie sie vom Science-Fiction-Schriftsteller H. G. Wells zwischen den Weltkriegen beschrieben worden wäre. In gewissem Sinn fühle er sich einer Neuen Elite zugehörig, aber diese Elite hätte keine Aufnahmerituale und auch keine Verachtung für diejenigen, die nicht dazugehörten.

Wie er die Zukunft sehe, fragte ich ihn zum Abschluß. Das Traumziel sei für ihn erreicht, wenn die gesamte Menschheit auf diese Weise vernetzt wäre, also ein Netzwerk von Netzwerken existiere. Dann bräuchte man keine Regierung mehr, keine internationalen Gremien, keine Verträge.

Wie es bisher war *(Steinbock)*

Steinbock bedeutet zähes Verhandeln, hierarchische Verhältnisse, bleibende Werte und Leistungsprinzip. Das 11. Feld, verwandt mit dem Wassermann-Zeichen, bedeutet Freiheit, Freundschaft, Zusammenarbeit auf gleicher Basis und ausgleichende Gerechtigkeit. Wie, so fragen Sie sich nun vermutlich, passen diese beiden Wert-Komplexe zusammen? Wie vereint man Hierarchien mit Gleichberechtigung, überlieferte Ordnungen mit lockeren Freundschaften, Belohnung für persönliche Leistung mit Gleichmacherei, den Chef mit dem Kollegen?

Aus diesem Widerspruch der Ansprüche entstanden einige der interessantesten Entwicklungen der abendländischen Kultur. Zwar wirkten sie eher bescheiden im Hintergrund, aber sie haben unser Gesellschafts- und Wirtschaftssystem doch entscheidend beeinflußt.

Nehmen wir als Beispiel die Verordnungen für Handwerker aus dem Mittelalter. Sie verdeutlichen am besten den Widerspruch der Prinzipien. Die Väter der Verordnungen waren ernsthaft um Gerechtigkeit für alle bemüht (Prinzip des 11. Felds). Sie erreichten dies durch eine Fülle bis ins Kleinste gehender Vorschriften, die sogar die Sitzordnung beim Essen vorschrieben (Steinbock-Prinzip).

Auch der kleinste der Knechte, der jüngste der Lehrlinge, der unbedeutendste der Gäste sollte seinen Lohn erhalten, gemäß seinen Bedürfnissen. Keiner durfte ihn, nur weil er auf der sozialen Stufenleiter ganz unten stand, wie einen Hund behandeln. Er war ein Mensch wie alle anderen auch. Aber weil alles so genau vorgeschrieben war, weil der Geist der Brüderlichkeit fehlte, konnten diese Ideale nie so recht verwirklicht werden. Immer wieder mußte der Rat der Städte eingreifen, die Verordnungen neu schreiben, Ungerechtigkeiten durch persönliche Entscheidungen aus dem Weg räumen und die ideologische Diskrepanz zwischen Anspruch und Verwirklichung kitten. Letzten Endes scheiterten die klugen Männer der Städte. Das mittelalterliche Zunftwesen ging unter und machte, viel später, den Gewerkschaften Platz.

Und bei denen begann das Spiel von neuem. Kaum eine

Organisation ist hierarchisch so durchstrukturiert wie eine Gewerkschaft. Vergleichen kann man sie am besten mit den politischen Parteien, bei denen es auch Bezirksvorstände, Kreisleiter, Obergruppenführer und vieles andere gibt. Doch die Ziele der Gewerkschaften verkörperten jenes Ideal, das im 11. Feld zur Geltung kommen sollte, aber auf diese ungewöhnliche Weise angestrebt wurde. Diese Organisationen sollten den ausgebeuteten Arbeitern zur Gerechtigkeit verhelfen, und das ist ihnen auch weitgehend gelungen.

Ein drittes Beispiel für den Zusammenprall der beiden Wertesysteme sind unsere Vereine. Die Deutschen sind bekanntlich besondere Vereinsmeier. In einem Verein treffen sich Gleichgesinnte; dazu ist er ja da. Aber anstatt daß sich die Interessengleichheit auch in der Gleichheit ihrer Mitglieder widerspiegelte, trat das Gegenteil ein. Sofort wurde ein Vorstandsgremium gebildet. Ein Vorsitzender wurde gewählt, natürlich mit Stellvertreter, dazu ein Kassierer, ein Beauftragter für besondere Anlässe usw. Und die Vereinsstatuten dürfen natürlich auch nicht fehlen. Ohne sie wüßte man nicht, was bei der nächsten Vereinsversammlung getan werden muß, soll, kann oder darf.

Es gibt aber auch eine positive Ausprägung dieser Prinzipienkombination. Ich meine die Genossenschaften, also die besonders auf dem Lande gepflegten Vereinigungen zur gegenseitigen Hilfe beispielsweise bei Erntearbeiten oder Lagerungsproblemen. Sie führen ein eher bescheidenes Leben, was öffentliche Beachtung betrifft. In ihnen kommt das Steinbock-Prinzip auf sehr positive Weise durch: Bescheidenheit, harte Arbeit, sinnvolle Gestaltung der (meist ländlichen) Umwelt. Steinbock ist ja auch das Zeichen der Bauern und allgemein aller hart arbeitenden Menschen.

Die Institution der genossenschaftlichen Hilfe kann als große Leistung des abendländischen Menschen angesehen werden. Allerdings sind ihre Auswirkungen nicht so spektakulär wie etwa die Erfindung der Dampfmaschine oder des integrierten Schaltkreises. Da aber die Bedeutung landwirtschaftlicher Produktion immer mehr sinkt, werden genossenschaftliche Organisationsformen in Zukunft bedeutungslos werden. Infolge der

Zähigkeit ihrer Mitglieder werden sie aber noch lange in ökonomischen Nischen weiterleben.

Wie es werden wird *(Schütze)*

Eigentlich haben wir alles schon gesagt. Hier, im 11. Feld der Freundschaften, werden die internationalen Netze eingerichtet, gepflegt, neu gegründet, mit andern verschmolzen und ideologisch untermauert werden. Die großen Unternehmer der Welt, die früher Firmen gründeten und Staaten konsolidierten, sie wandern jetzt in diese Gegend menschlicher Möglichkeiten ab und entfalten dort ihre mitreißende Aktivität. Wir nennen sie daher »Netzwerkplaner« oder »Netzwerk-Unternehmer«.

H. G. Wells hat das in seinem Werk aus den zwanziger Jahren, »Menschen Göttern gleich« so ausgedrückt: »Utopia hat die Familie nicht abgeschafft, es hat die Familie erweitert und veredelt, bis sie die ganze Welt umfaßte.«

Es wird aber keine Familie in dem uns bekannten Sinn sein, sondern eine Familie von Gleichgesinnten und Gleichberechtigten. Auch auf die Gefahr hin, mich zu wiederholen, sage ich es nochmals: Alle Menschen werden Brüder und natürlich Schwestern. Das liegt schon im epochebeherrschenden Wassermann-Zeichen begründet. Doch in Verbindung mit dem schwungvollen, optimistischen und in großen Abschnitten denkenden Schütze-Zeichen wird daraus beinahe eine Religion.

In diesem Feld finden wir die wahren Machthaber der Menschheit, also diejenigen Männer und Frauen, die sich um die Zukunft, um die Menschheit, um die Erde als ganzes Gedanken machen. Doch bei den Gedanken wird es nicht bleiben. Sie werden gemeinsam, aber wieder lose über die Erde verteilt, die Probleme in Angriff nehmen, die eine sorglose und vergnügungssüchtige Menschheit im Übermaß produziert.

Voraussetzung für einen solchen weltweiten Zusammenschluß energischer Männer und Frauen sind die modernen Kommunikationsmittel. »Bis zu diesem Jahrhundert mit seinen schnellen Kommunikationsmitteln«, stellt Marilyn Ferguson fest, »gab es wenig Aussicht auf eine Verbindung zwischen diesen weitverstreuten Individuen.« Im Zeitalter der globalen

Telekommunikation über Computer, Mailboxen, Glasfaserkabel, Video-Konferenzen und Satellitenfunk kann zum ersten Mal eine rasche und weltweite Verständigung realisiert werden.

Peter Russell hat sich in seinem Buch über die erwachende Erde Gedanken gemacht, die von den künftigen Lenkern menschlicher Geschicke sicherlich aufgegriffen und weiterentwickelt werden. Russell verweist auf die magische Zahl 10 hoch 10, das sind 10 Milliarden Einheiten. Eine lebende Zelle besteht aus 10 Milliarden Molekülen. Das menschliche Gehirn enthält 10 Milliarden Nervenzellen. Und die Anzahl menschlicher Lebewesen nähert sich der 10-Milliarden-Grenze. Dann wird, nach Russell eine Art *Globalhirn* entstehen, also eine höhere und in gewissem Sinn selbständige Einheit. Russell:

»Wir scheinen in eine Phase dichteren Verbundenwerdens einzutreten. Mit zunehmender Komplexität der Fähigkeit zu weltweiter Kommunikation ähnelt die menschliche Gesellschaft immer mehr einem planetaren Nervensystem. Das Globalhirn kommt in Gang.« Und die aktiven Zellen dieses Gehirns, das sei hinzugefügt, werden die Netzwerkunternehmer des 11. Feldes sein.

Russell bietet in seinem Buch auch eine weit über das irdische Leben hinausgehende philosophische, ja religiöse Vision, die den Netzwerk-Aktivisten sicherlich gefallen wird. »Entwickeln sich«, schreibt er, »im Laufe Tausender Jahrmillionen die 10 hoch 10 Galaxien im Universum nicht nur zu galaktischen Superorganismen, sondern fangen sie auch untereinander zu kommunizieren und zu interagieren an, kann die Endstufe der Evolution erreicht werden: der universale Superorganismus.«

Im Zeitalter des Wassermanns wird es allerdings keine Reisen ins All geben, jedenfalls nicht in dieser Größenordnung. Zu sehr ist der Mensch der kommenden zwei Jahrtausende mit sich selbst beschäftigt. Seine Reisen führen ihn ins Innere. Erst in der Schütze-Zeit, ab dem sechsten Jahrtausend unserer Zeitrechnung, werden die kühnen Gedanken intergalaktischer Kommunikation verwirklicht werden.

Die Netzplaner werden ganz neue Formen der Verständigung und der Entscheidungsfindung praktizieren. Sicher werden sie sich nicht nur auf Sprache und Bilder verlassen, sondern genauso oft telepathischen Kontakt miteinander aufnehmen. Vor Entscheidungen werden sie gemeinsam meditieren, wie es beispielsweise in der zukunftsweisenden New-Age-Gemeinde Findhorn praktiziert wird. Sie werden keine offiziellen Beschlüsse fassen, keine Protokolle herausgeben, keine Statuten des Großen Rats veröffentlichen und keine Wahlen abhalten. Denn das alles ist nicht nötig.

Sie werden auch keine offizielle Macht haben, aber ihre Macht wird dennoch spürbar sein, vielleicht sogar mehr im Geistigen und als Vorbild als im Materiellen und Offiziellen. Sie werden im Zeitalter des sprunghaften Wandels das einzig Bleibende darstellen, außer den Wohnungen und Arbeitsstätten der Menschen. Und dadurch wird auch ihre Macht gegenüber den Politikern gefestigt werden. Denn im Gegensatz zu den Eintagsfliegen-Magiern der Politik werden ihre Ideen Bestand haben.

Da das Zeichen Schütze auch mit Sport zu tun hat, werden möglicherweise viele Netzwerkplaner aus dem Bereich des Sportes kommen. Wir können auch umgekehrt argumentieren: Die Sportler der Erde werden sich zunehmend in losen und freundschaftlichen Gemeinschaften zusammenschließen und als erste die Steinbock-Hierarchien klassischer Vereine überwinden. Und schließlich werden auch neuartige Sportarten von den Netzwerkplanern erfunden und praktiziert werden. In diesen Spielen geht es nicht mehr um den Sieg oder darum, den Gegner in die Knie zu zwingen. Nein, gefragt sind Zusammenarbeit, Kameradschaftsgeist, ein ideologischer Überbau (wie ihn die olympischen Spiele bei den alten Griechen hatten) und die Möglichkeit, gemeinsam ein erstrebenswertes Ziel spielerisch zu erreichen.

Schütze ist aber auch das Zeichen des Personenkults. Und das wiederum verträgt sich nicht so gut mit der freundschaftlichen Komponente des 11. Felds. Möglicherweise finden wir hier einen Konfliktstoff der Zukunft, wenn auch einen, der durchaus befruchtend und nicht zerstörerisch wirken kann. So werden sich besonders verdienstvolle Netzwerk-Agenten feiern lassen und einen Personenkult um sich errichten. Auf Dauer aber werden sie damit keinen Erfolg haben. Denn in einer Zeit, wo jedermann ein Genie ist, braucht man keine Freunde zum Bewundern. Was die können, kann jeder, ganz im Gegensatz zu den Löwe-Menschen im 7. Feld, deren Persönlichkeitsintegration weiter unerreichtes Ziel des Wassermann-Menschen bleiben wird.

Der Amerikaner Robert Monroe hat ein »Institut für Angewandte Wissenschaften« gegründet. Hinter diesem nichtssagenden Titel verbirgt sich der Ansatz einer New-Age-Gemeinde, die an bestimmte selbstverständliche Wahrheiten glaubt, wie z. B., daß die körperliche Existenz des Menschen nur eine vorübergehende Manifestation einer ewigen geistigen Identität ist, daß der Mensch seinen Körper verlassen und mit seinem Geist andere Welten besuchen kann, daß er mit seinem Schöpfer kommunizieren kann und daß er verpflichtet ist, der Wahrheit auf den Grund zu gehen.

Das alles klingt sehr nach Wassermann. Aber nun kommt das Entscheidende. Monroe glaubt an eine Art Übermensch, den er *Mensch-plus* nennt. Dieser Mensch der Zukunft wird übermenschliche Fähigkeiten besitzen. So wird er seinen Schlaf und seine/ihre Fruchtbarkeit steuern können und praktisch von der Luft leben. »Wer nicht zum Mensch-plus konvertiert«, so sein geistiger Schöpfer, »der wird ausgeblendet.«

Und warum werden die Plus-Menschen mit ihren grandiosen Fähigkeiten nicht versuchen, die Welt zu beherrschen? Weil auf dem Weg zu einem höheren Dasein der Wunsch nach einer solchen Herrschaft von vornherein unterbunden wird. Das Ziel der Plus-Menschen besteht nicht darin, die Welt zu kontrollieren. Aber sie werden sich, laut Monroe, zusammentun. Und das wird der weltweite Verband der »Menschheitswächter« werden, die inoffizielle, aber dafür um so wirksamere Regierung, die Politiker, Manager, Künstler, Philosophen und alle anderen Menschen vereint, die sich um das Schicksal der Menschheit Gedanken machen.

Szenario 22: Die Abstimmung ist beendet

Der Internationale Menschheitsrat (ein blumiger Titel, den er sich selbst halb im Scherz und auf jeden Fall nur informell verlieh) tagte wieder mal, diesmal am Ufer des Loch Ness, zu Ehren des letzten Sauriers, dessen angenagten Kadaver man vor kurzem in seiner Tiefe gefunden hatte. Außerdem war nach der Sitzung ein Abstecher nach Findhorn geplant, um die inzwischen über hundert Jahre alte Mitgründerin Eileen Caddy zu ehren.

Der Abgesandte der Blauwale berichtete von den Problemen seiner Schützlinge in der Antarktis, wo durch größere klimatologische Umstellungen das ökologische Gleichgewicht aus den Fugen geraten war und der Krill rar wurde. Die Wale standen vor dem Verhungern oder mußten ihre Ernährung völlig umstellen, was deren ohnedies schon sehr geringen Bestand möglicherweise völlig zum Erlöschen bringen würde.

Die Berichterstatterin der koordinierten Chaotenklubs wollte wissen, wie sich die Blauwale dies vorstellten. Nach einigen heftigen Diskussionen rief einer der Elfen-Freunde zur Beschlußfassung auf. Alle faßten sich an den Händen und stimmten das Wasser-Meditations-Ritual an. Nach rund 5 Minuten begann der Leiter der Sesam-Öffne-Dich-Gruppe, sein Lied zu singen, und alle stimmten ein. Damit war der Punkt erledigt – denn jeder wußte, was jeder andere wußte, und alle hielten sich daran.

Verborgenes
(Übergang Wassermann → Steinbock)

Szenario 23: Fröhlichkeit – nein danke!

Die Lektorin eines Sachbuchverlags zeigte mir ein Buch mit dem Titel »Spaß im Alter«. Das Buch gab konkrete Ratschläge, wie man sein Alter genießen könnte, ohne mit erhobenem Zeigefinger zu mahnen oder mit medizinischen Abbildungen den Leser zu verschrecken. Es machte insgesamt einen frischen, fröhlichen und sehr brauchbaren Eindruck. »Was glauben Sie, wie das geht?« fragte sie. Und sie lieferte gleich die Antwort: »Überhaupt nicht. Kein Mensch der Zielgruppe möchte sowas lesen. Anscheinend wollen die Alten alt sein und nicht fröhlich. Manchmal habe ich das Gefühl, daß sie sich absichtlich zurückziehen, um hinter den Mauern ihrer Wohnungen zu versteinern.«

Wie es bisher war *(Wassermann)*
Die Eigenart der astronomischen Rückläufigkeit des Frühlingsknotenpunkts bringt es mit sich, daß all das, was das neue Zeitalter ausmacht, zunächst total unterdrückt wird. Erst wenn die Epoche zu Ende geht, bahnt sich das Verborgene aus dem 12. Feld mit aller Macht seinen Weg in die Freiheit, überschwemmt die Kultur und sickert ungestüm durch die Zeiten. Innerhalb von 100 Jahren ist alles vorbei. Die alte Welt liegt in Trümmern, existiert nur noch in einigen kulturellen oder geografischen Nischen. Die neue Welt übernimmt die Macht.

So war es auch mit dem Zeichen Wassermann. Alles Freundschaftliche, Kameradschaftliche, Gleichberechtigte und Ungewöhnliche wurde unterdrückt, obwohl es eine Zeitlang offen blühte. Ich meine die echte Wassermann-Kultur vor der Jahrtausendwende unter der Herrschaft des damals noch aufgeklärten Islam im arabisch beherrschten Spanien. Christen, Juden und Araber lebten friedlich zusammen, befruchteten sich gegenseitig geistig (und vielleicht auch manchmal anderswie) und übten Freiheit, Toleranz und Demokratie.

Erst als der Ungeist christlicher Intoleranz auch in Spanien einkehrte, ging diese Zeit zu Ende. Die Araber zogen ab, verkamen in Geist und Kultur und bewahrten sich ein starres und intolerantes religiöses System. Die Christen erfanden die glorreiche Institution der Inquisition und rotteten alles aus, was Anzeichen von Intelligenz oder Eigenwilligkeit zeigte. Und die Juden mußen Spanien bis auf den letzten Mann verlassen und in der neuen Heimat im Osten Verfolgung und Ausrottung erleben. Das war für lange Zeit das Ende des Lichts, das der Wassermann gebracht hatte.

Doch Spanien war nicht das einzige Land, in dem man gegen Fortschritt, Gleichberechtigung und Toleranz so brutal vorging. Als nächstes Land kam Frankreich dran. Verschiedene christliche Gruppen schufen unter den Namen »Katharer«, »Albigenser«, »Waldenser« Gesellschaften, die sich durch Gleichberechtigung, Offenheit und Toleranz auszeichneten. Das war eine Herausforderung an die etablierten Mächte, nämlich Kirche und Staat. So begann ein unerhört grausamer Ausrottungsfeldzug gegen diese Gruppen, die sich hauptsächlich in Südfrankreich niedergelassen hatten. Aus einem blühenden Land, in dem Kultur und Minnesang das Leben verschönten, wurde eine wirtschaftliche und kulturelle Wüste. Fast niemand überlebte. Schlimmer noch: Diese Feldzüge leiteten den Wahnsinn der Kreuzzüge und der Hexenverfolgung ein. Das Abendland versank in jenem Dunkel, das man dem Mittelalter zuschreibt.

Doch der unruhige Geist des Wasserträgers war nicht totzukriegen. Jetzt fing die Sache auch in Deutschland an. Jakob Münzer verkündete eine Gemeinschaft freier Menschen in demokratischer Umgebung ohne religiöse Repressionen. Das war schlimm, und so wurde seiner Gemeinde auf die damals übliche Weise der Garaus gemacht. Alle Teilnehmer an diesem sozialen Experiment wurden ausgerottet, nur die Anführer hob man sich auf. Zur Abschreckung und wohl auch Belustigung für das Volk wurden sie öffentlich zu Tode gefoltert.

Es gäbe noch genügend andere Beispiele, doch das Gesamtbild

wird klar: Wo Fortschritt, Freundschaft und Toleranz praktiziert wurden, da schritt die Staatsgewalt mit aller Macht ein und
rottete rücksichtslos aus, was ihrem Konzept so zuwiderlief.
Höchstens im Bereich der Wissenschaften gab es, jenseits aller
Reglementierungen gelehrter Organisationen, so etwas wie eine
freie Verbundenheit von Gleichgesinnten, allerdings stark ge-
dämpft durch Konkurrenzdenken, Mißgunst und Neid.

Im Hinblick auf diese Unterdrückungsmechanismen verwundert es nicht, daß jetzt, wo solche Ideen ungehindert zum
Vorschein kommen und im kleinen Rahmen auch verwirklicht
werden, nun alle Welt meint, ein Neues Zeitalter breche heran.
Die Meinung besteht zu Recht, aber die Ideen, Organisations-
weisen und Verhaltensformen sind nicht neu. Neu ist nur, daß
sie jetzt nicht mehr sofort unterdrückt werden, und daß sie nicht
dem Zeitgeist derartig radikal widersprechen. Und darum merkt
heute jeder, daß die alte Zeit endgültig vorbei ist und nicht nur
die Paradigmen wechseln.

Wie es werden wird *(Steinbock)*

Da haben wir eine ziemlich unglückliche Kombination zwischen
einem Feld, das wie ein Gefängnis wirkt, und einem Zeichen, das
freiwillig Gefängnisse aufsucht. Das Ergebnis: siehe das Szenario zu Beginn des Kapitels. Denn unsere Alten werden zwar übel
behandelt – Begrüßung im Altersheim: »Sie sind nicht zum
Aufleben hier, sondern zum Ableben« – aber sie tun auch selber
alles, um sich zu isolieren. Sie können mit der Jugend nichts
anfangen und hassen die Kinder. Denn die sind fröhlich, und das
sind sie selbst nicht. Oder wollen es nicht sein.

Aber die Sache wird immer schlimmer werden. Die Alten
werden nicht mehr nur in ihren billigen Wohnungen verkom-
men, sie werden regelrecht in Konzentrationslagern zusammen-
gepfercht werden. Wer sich zäh an sein Leben klammert, wer
eigensinnig auf menschenwürdiger Behandlung im Alter be-
harrt, wer sich dem Trend zu Vergnügen, Jugend und Alles-
Was-Es-Gibt-Auskosten verweigert, der wird brutal beseitigt.
Denn jedes Zeitalter geht mit dem 12. Feld gleichermaßen hart
um.

So wird es im kommenden Millenium keine alten Menschen zu sehen geben. Wer immer es sich leisten kann, wird jung bleiben, sich verjüngen lassen oder die Ebene realer Existenz vorzeitig verlassen. Das war eine sanfte Umschreibung für Selbstmord begehen. Wenngleich diese Form des Aussteigens in Zukunft viel differenzierter erfolgen wird. Der Tod ist nichts Endgültiges mehr, sondern ein Tor zu einer anderen Welt. Aber durch dieses Tor sollte man auch beizeiten gehen, um auf der überbevölkerten Erde den anderen Platz zu machen.

Wer das nicht tut, wird eingesperrt oder verarbeitet werden. Den Alten wird man nicht nur ihren Besitz wegnehmen, sondern auch ihre Energien. Man wird ihnen die Lebensenergien aussaugen und in Batterien speichern. Man wird ihre Körper weiterverarbeiten, vielleicht zu grünem Mehl, so wie in dem Film »Soylent Green«. Man wird diese üble Behandlung öffentlich rechtfertigen. Keiner wird sich für die Alten einsetzen, denn jeder vertritt sich selbst, und keiner hat Zeit, sich um so unbedeutende Wesen zu kümmern.

Wohlgemerkt: Alter ist keine Frage der biologischen Zeit. Alter ist in dieser Betrachtung eine Weltanschauung, ein Standpunkt, ein eigensinniges Beharren auf dem Anspruch an Ruhe und langsames Auslaufen des Lebens. Und das darf und wird es nicht mehr geben. So tolerant und offen das Zeichen Wassermann ist, hier wird es keine Gnade kennen. »Fort mit dem Alten« heißt eine Science-Fiction-Erzählung des pessimistischen Engländers J. G. Ballard, und mit diesem Slogan umschreibt er unsere Einstellung für die nächsten zweitausend Jahre.

Dem Zeichen Steinbock unterstehen auch alle hart arbeitenden Menschen, zum Beispiel die Bauern. Welche Meinung die Machthaber von ihnen haben, sieht man am besten in den USA. Dort werden sie rücksichtslos enteignet, ihre wirtschaftliche Existenz wird durch Zwangsversteigerungen und Dumpingpreise vernichtet, sie werden ihrer traditionellen Wurzeln beraubt, ihr politischer Einfluß ist gleich Null. Keiner kümmert sich um sie, sie sind weder Vorbild noch Objekt des Mitleids.

Im mehr abstrakten Bereich gehört zum Zeichen Steinbock alles Feste, Beharrliche, all das, was Bestand hat und die Stürme der Zeit überdauert. Lexika zählen hier ebenso dazu wie Naturgesetze. Und das wird es nicht mehr geben. Das Riesengebäude unserer Wissenschaften wird keine Grundlage mehr haben. Alles wird in der Luft schweben, wie es dem Luftzeichen Wassermann angemessen ist. Eherne Gesetze der Natur, des menschlichen Zusammenlebens oder auch der Mathematik wird es nicht mehr geben. Alles wechselt von heute auf morgen. Wassermann braucht kein Fundament; er schwebt ohnedies in den Lüften oder lebt im Morgen. Wozu Gesetze! Der Staat bin ich, und ich bin mein eigener Gesetzgeber und Richter.

Daß eine solche Einstellung zur Schwierigkeiten der Informationsverarbeitung führen wird, hat schon der Zukunftsforscher Alvin Toffler vorausgesehen. Er nennt das Phänomen *Zukunftsschock*. Die Menschen werden von so vielen Reizen überflutet, daß sie abschalten und in einen schockartigen Zustand verfallen, ähnlich dem, der Katastrophenopfer überfällt und völlig lähmt. Wer aber diesem Schock dadurch zu entgehen versucht, daß er – und sei es nur für sich selbst – feste Regeln aufstellt oder sich an zuverlässige moralische Verhaltensweisen klammert, der wird nicht nur verachtet und abgelehnt, nein, er wird im Zeitalter der Toleranz und brüderlichen Liebe sogar verfolgt und eingesperrt. Was Bestand hat, wird vernichtet. Nur das Chaos besitzt Dauer, und die Katastrophe wird zum Lebensinhalt.

Das gilt auch für alles Feste in unserem Leben, also für bestimmte Produktionsgüter (Maschinen, Waren) und für unsere Gebäude. Die Wegwerfgesellschaft wird weiter bestehen. Alles ist für den Verbrauch bestimmt, auch das eigene Leben. Nichts soll Bestand haben, denn dann könnte man ja eine neue Erfahrung versäumen. Gebrauchsgegenstände werden uns unter den Fingern zerfallen, Gebäude einstürzen, Gesetze von heute auf morgen ungültig werden. Es wird keine Normen mehr geben, und vielleicht wird jeder in Zukunft nach seinem eigenen Maßsystem rechnen. Die großen Errungenschaften der abendländischen technischen Kultur, die Austauschbarkeit von Geräteteilen und Menschen durch ihre Normierung, sie wird es nicht mehr geben. Jeder Gegenstand und jedes Lebewesen ist individuell, einmalig, unersetzlich. Und damit von vornherein zum frühen Untergang verdammt.

Auch die Sammler werden es nicht leicht haben. Wozu denn etwas aufheben, wenn es morgen schon veraltet ist? Vieles wird im Augenblick des Entstehens schon auf den Müll geworfen. Festes, Faßbares, Materie, wird an Ansehen verlieren und höchstens in Museen ein bescheidenes und vergessenes Dasein fristen.

Die Menschen, die praktisch hinter Gittern um Bestand und Form ringen und sich eigensinnig gegen den Ausverkauf der Seelen wehren, sie werden dann, am Ende der Epoche, wenn die Erde ausgelaugt, das Wasser versalzen und der letzte Wald vernichtet ist, ein ungeheuer zähes Menschengeschlecht hervorbringen, das trotz der Verwüstungen auf dieser Erde zum Überleben geeignet ist. Alles andere aber, das Großartige, Freie, Experimentelle und Energische, wird verschwinden, verweht vom Pesthauch einer vergewaltigten Natur. Doch das ist, wie Kipling sagen würde, eine andere Geschichte.

Szenario 24: Wann brennt Papier?

(Das wissen alle Science-Fiction-Leser: bei 451 Grad Fahrenheit. »Fahrenheit 451« heißt Ray Bradburys bekannter SF-Roman im Stile von Orwells »1984«, der von François Truffaut kongenial verfilmt wurde. Die letzten Individualisten bewahren die letzten Bücher und lernen sie auswendig. Bei Bradbury bringt eine Revolte diesen Menschen schließlich die Macht. In Wirklichkeit wird es ganz anders.)

Ray umklammerte die Bücher und rannte auf die Straße. Die Alarmsirene war nicht zu überhören. Überall öffneten sich Fenster, und Menschen starrten mit ihren leeren Gesichtern auf die Straßen. Das war ein TV-Ereignis, das nicht im Programmheft stand. Aber warum nicht mal was anderes?

Der schwere Feuerwehrwagen erreichte das Haus des Sammlers verbotener Bücher. Die Männer um Guy Dienstag schwärmten aus, umstellten das Haus, richteten den Schlauch mit dem flüssigen Kerosin auf die Fassade und entzündeten den Stoff. Nach kurzer Zeit brannte alles lichterloh. »Und der Typ?« fragte ein Feuerwehrmann mit brandgeschwärztem Gesicht. »Der entkommt uns nicht«, sagte Dienstag, »nicht an einem Montag.«

Und so war es auch. Geschwächt und erschöpft brach Ray ein paar Häuserblocks weiter mit seinem Stapel zusammen. Die Feuerwehrleute hoben ihn auf, warfen ihn und seine Bücher in die Rote Minna und brachten ihn zum nächsten Konzentrationslager.

»Was ist denn das?« fragte einer der Feuerwehrmänner, als er das ungewohnte Objekt (ein Buch) in die Hand nahm. »Ein Buch«, sagte sein Chef. »Und was sind das für komische Dinger?« »Buchstaben«. »Und was macht man damit?« »Man liest sie.« »Was heißt das?« »Na, man setzt sie zu Worten zusammen. Hier zum Beispiel, da seht: *Die Marschroniken*.« »Wozu ist das gut?« »Das ist ein Roman, den kann man lesen.« »Und was hat man davon?« »Keine Ahnung. Aber es gibt die komischsten Typen. Und manche fahren auf so was eben ab.«

Ausklang

Wenn jemand von mir eine astrologische Beratung will, und ich ihm auch Prognosen anbiete, dann höre ich oft: Nein danke, das mag ich nicht, ich habe Angst davor. Ich versuche dann, den Menschen davon zu überzeugen, daß er ganz falsche Vorstellungen von astrologischen Prognosen hat. Viele denken an die typischen Voraussagen hellsichtiger Zigeuner oder geldsüchtiger Scharlatane: Sie werden einem dunkelhaarigen Mann/einer blonden Frau begegnen, und das wird die große Liebe Ihres Lebens werden usw.

Doch so sehen Prognosen nicht aus. Prognosen können nur allgemeine Trends beschreiben, niemals konkrete Ereignisse. Alles, was in diesem Buch an Konkretem gesagt wurde, muß daher als *Beispiel* aufgefaßt werden. Man kann nicht ein Buch nur mit abstrakten Ideen füllen. Das wird zu langweilig. Wie die Zukunft wirklich aussehen wird, das kann man nicht sagen. Vieles wird ganz anders werden. Das meiste kann man mit den Worten unserer heutigen Sprachen gar nicht beschreiben.

Und dennoch sind Prognosen sinnvoll. Denn sie zeigen, wie der Wind von den Sternen weht. Man kann sich natürlich gegen den Wind stemmen, ja, gegen ihn spucken. Aber man kann auch mit ihm segeln, und das finde ich persönlich sinnvoller. So hätte es wenig Zweck, sich den Trends der neuen Zeit entgegenzustemmen. Man würde seine Energien verbrauchen und doch nichts erreichen. Viel sinnvoller ist es, die Zukunft, wie sie sich in den Prognosen dieses Buchs präsentiert, aktiv mitzugestalten. Sonst wird man von den Ereignissen und Entwicklungen überrollt.

Vieles liegt auch an der Grenze zwischen gut und böse (wenn diese Begriffe überhaupt noch sinnvoll sind), zwischen aufbauend und zerstörend, zwischen positiv und negativ. Gerade bei der Besprechung des 10. Feldes haben wir gesehen, daß die Kräfte dieses Feldes und des zugehörigen Zeichens zu Extremen tendieren. Wie es werden wird, das können wir selbst beeinflussen.

Vieles wurde auch nicht besprochen: Militär, Krieg, Umwelt. Entweder es ist aus den Sternen nicht erkennbar, oder es wird belanglos. Doch sei allen, die den Blick in die Zukunft richten und über den Alltag hinausgehen, geraten, sich auf das neue Zeitalter einzustellen und dessen höchste Ziele, die Erforschung und Realisierung der eigenen Fähigkeiten, in Angriff zu nehmen. Dann wird die Reise durch die Zeit kein Alptraum werden, sondern eine faszinierende Fahrt durch die Tiefen der Seele zu den Höhen des Geistes.

Themen der Zeit

Stichwortartig fassen wir hier einige wichtige Themen zusammen und zeigen, was mit ihnen auf Grund der Thesen dieses Buchs geschehen wird. Im Zeitalter des Wassermanns gibt es keinen Anspruch auf Vollständigkeit oder Dauer.

AIDS. Vielleicht ist AIDS die letzte größere Krankheit von öffentlichem Interesse, die mit klassischen medizinischen Verfahren bekämpft wird. Daß neben den Viren ganz andere Faktoren wirksam und wichtig sind, nämlich solche seelischer Natur, weiß man inzwischen. Doch man konzentriert sich weiter auf den »Verursacher«, ein Virus.

In Zukunft wird es viele Seuchen dieser Art geben. Man wird ihre seelische Bedingtheit erkennen und auch dort ansetzen: Visualisierung, Biofeedback, Psycho-Energien.

Arbeitslosigkeit. Ein Pseudoproblem. Niemand müßte arbeiten, jedenfalls nicht in dem Umfang wie bisher. In Zukunft wird die Arbeit wesentlich individueller werden und vor allem seelische Befriedigung bringen. Dienstleistungen, bei denen Gefühle im Vordergrund stehen, werden wichtig. Keiner muß mehr arbeiten, um leben zu können. Aber jeder wird sich an seine Arbeit klammern, da sie ihm Familienersatz bietet.

Astrologie. Diese uralte Wissenschaft wurde mit Wissenselementen aus unzähligen Kulturen angereichert und verwässert. Erst im Zeitalter der Parallelwelten kann sie verstanden werden. Im Wassermann-Zeitalter wird man sie routinemäßig einsetzen, immer mit dem Verständnis, daß sie keine Aussagen über die »wirkliche« Wirklichkeit macht, sondern über mögliche und in gewissem Sinn tatsächliche Realitäten.

Atomkraft. Ein typischer Ausläufer unserer Arbeitsstruktur: zentralisiert, übertechnisiert, autoritär. Im Zeitalter der Dezentralisierung und des extremen Individualismus wird sie bald verschwinden. An ihren Folgen wird man aber noch lange zu knabbern haben.

In der zweiten Hälfte der kommenden Epoche werden zentrale Energiequellen auf ganz andere Weise wieder aktuell werden. Es wird dabei aber um psychische Energien gehen oder um solche, die heute noch unbekannt sind.

Atomwaffen. Als Relikt aus der »Saurier-Zeit« der Menschheitsentwicklung werden sie leider nicht so schnell verschwinden, da sie dem Bedürfnis des Wassermann-Menschen nach Dezentralisierung und Terrorismus entgegenkommen. In Zukunft wird sich jeder Bürger, der etwas auf sich hält, seine eigene Atombombe im Keller basteln. Was das für Folgen haben wird, möchte ich hier nicht weiterspinnen.

Außersinnliches. Es wird zum Alltag der kommenden Epoche gehören: Gedankenlesen, Hellsehen, prophetische Gaben; dazu außerkörperliche Erfahrungen (Wanderungen der Seele nach Verlassen des Körpers), psychische Energien mit der Fähigkeit zum Geistheilen und zu Telekinese (Bewegung von Gegenständen mittels Gedankenkraft), gesteuerte Reinkarnation (Wiedergeburt) und vieles andere.

Energie. Es ist ja genug davon da: Sonne, Erdwärme, Wind und Wellen. Vor allem aber werden psychische Energien erforscht, gefördert und eingesetzt werden. In Zukunft wird der Energiebedarf drastisch sinken, und die Energieversorgung auf eine dezentrale, sozusagen individuelle Grundlage gestellt werden.

Ernährung. Wegen des Verschwindens der Kochkunst wird die Nahrung zunehmend auf das umgestellt werden, was schnell produziert und konsumiert werden kann: MacDonald überall. Doch wird der Mensch der Zukunft Nahrung ohnedies kaum mehr brauchen.

Familie. Nach dem Zerfall der Großfamilie verschwindet nun auch die Kleinfamilie, bis niemand mehr übrig bleibt, die Kinder zu versorgen. Durch die vollständige Auflösung der Familie in ihrer traditionellen Form ist erst die Chance zur Entwicklung einer weltweiten Global-Familie gegeben. Stichwort: Alle Menschen werden Geschwister.

Feminismus. Der Kampf der Frauen um Gleichberechtigung wird aufhören, da man keinen Unterschied mehr machen wird zwischen den Geschlechtern. Jedermann und jedefrau ist ein einzigartiges Individuum, egal, welchen Geschlechts.

Karriere. Das Äußerste aus sich herausholen, bis an die Grenzen des Erträglichen gehen – und darüber hinaus – , sein eigenes schöpferisches Potential bis zur letzten verborgenen Ecke ausloten, das wird das Karriere-Ziel der Zukunft sein. Anerkennung dafür wird es nicht geben, aber weil es jeder macht, macht man eben mit.

Krieg. Territorialkämpfe wird es weiter geben, aber ihre Bedeutung wird sinken. Wenn die ganze Erde ein großes Dorf ist (besser wohl: eine Megalopolis), wenn jeder zu jeder Zeit an jeden Ort reisen kann, und wenn Besitz ohnedies zwischen den Fingern zerrinnt, wozu dann noch um etwas kämpfen? Der Krieg der Zukunft spielt sich in den Informationszentralen und Computern ab.

Kriminalität. Im Zeitalter geschwisterlicher Liebe aller Menschen zueinander wird es auch weiterhin etwas geben, was wir als »Verbrechen« bezeichnen. Aber unsere Auffassung von Gut und Böse wird sich völlig wandeln: Gut ist, was die Persönlichkeit erweitert, auch wenn dabei andere zu Schaden kommen; kriminell wird, wer nichts macht, auch wenn er dabei niemandem was zuleide tut.

Medien. Die Medien – Fernsehen, Computerwelten und ganz neue, noch nicht faßbare Informationsübertragungs-Instrumente – werden die eigentliche Wirklichkeit der Zukunft darstellen. Da nur die Information zählt, wird alles, was in einem Medium aufscheint, als »real«, zumindest aber als wichtig betrachtet werden: auch Spiele, Seifenopern und simulierte Wirklichkeiten.

Parallelwelten. Ursprünglich entstand das Konzept aus der Physik. Die Relativitätstheorie fordert eine Parallelwelt jenseits des Schwarzen Lochs. Die Realitäts-Paradoxa der Quantenphysik sind am einfachsten durch die These unzähliger Parallelwelten auflösbar. Der Mensch wird eine Möglichkeit finden, diese Welten zu erforschen und zu bereisen. Damit werden nicht nur Zeitreisen möglich, sondern auch der Besuch auf alternativen Ebenen des Seins.

Persönlichkeitsspaltung. Ein wesentlicher Zug des Neuen Menschen wird seine innere Gespaltenheit werden. Dabei wird ein Mensch nicht nur schizophren (gespalten) sein, sondern vielfach gespalten – multiphren. Es wird ihm aber gelingen, diese Persönlichkeiten, zu denen sich noch seine überirdischen Begleiter gesellen, in sich zu vereinen, so daß sie (wenigstens die meiste Zeit) nicht gegeneinander kämpfen oder unerkannt die Macht ergreifen.

Politik. Das Gefühl der Machtlosigkeit des Bürgers dem Staat gegenüber wird durch ein gleichwertiges Gefühl der Machtlosigkeit des Staates dem Bürger gegenüber kompensiert werden. Wer nicht mitmachen will, braucht nicht einmal auszusteigen. Ohne aufzufallen, führt er sein eigenes Leben, erzeugt die nötige Energie aus Biomasse und Sonnenlicht, pflanzt ein paar Kräuter in seinem Gartenhaus und begibt sich auf Reisen – ins Innere der Seele, wohin ihm keiner folgen kann.

Privatsphäre. Die Machthaber der Zukunft werden immer versuchen, tief in die Privatsphäre eines jeden einzelnen einzudringen und die Seelen ihrer Untertanen durch Hypnosetechniken und computerunterstützte Gehirnwäsche zu manipulieren. Die extrem individualistischen und freiheitsgewohnten Bürger aber werden sich diesem Zugriff durch viele Tricks entziehen, unter anderem durch Verschwinden in Parallelwelten, freiwilligen Übergang ins Reich des Todes mit anschließender selbstgewählter Wiedergeburt. Oder sie de-materialisieren sich und suchen Zuflucht im Inneren einer Computer-Simulation.

Realität. Alles, was man mit den Sinnen oder über sie hinaus wahrnehmen kann, ist real. Darüberhinaus werden auch Gedanken Wirklichkeit. Insofern ist es dem Bürger der kommenden Epoche egal, was existiert, da er mittels seiner psychischen Fähigkeiten alles zu Nichts und das Nichts zu Etwas machen kann. Allerdings wird er dabei völlig die Orientierung verlieren und am Ende nicht mehr wissen, ob er »träumt, ein Schmetterling zu sein, oder ob er ein Schmetterling ist, der träumt, ein Mensch zu sein«.

Terrorismus. Den gab es schon immer, nur waren es früher die Machthaber, die ihn legitimerweise gegen ihre Untertanen anwandten. Im Zeitalter der permanenten Katastrophen wird jeder Einzelne zum Terroristen, aber nicht nur mit Bomben und Gewalt, sondern über die Kanäle subtiler Subversion. Dazu gehören Computer-Viren ebenso wie psychische Zeitbomben, die ganz unerwartet eine Kleinigkeit lahmlegen, wodurch alles in einer Katastrophe versinkt. Das freut den echten Wassermann immer.

Umwelt. Die Ausbeutung und Vergiftung der Umwelt wird so schnell kein Ende finden. Allerdings werden gewaltige Kräfte am Werk sein, das Unrecht wieder gut zu machen. Das werden die Politiker ebenso arrangieren wie der Privatmann/die Privatfrau in seinen/ihren vier Wänden.

Erst wenn Gaia erwacht und das Globalbewußtsein gefestigt ist, wird man die Schäden an der Umwelt erkennen und bereuen. Da wird es aber zu spät sein.

Verkehr. Der Massenverkehr wird an Bedeutung verlieren,

denn durch außersinnliche Individualreisen, Materie-Transmittoren und computer-stimulierte Simulationsfahrten wird sich ein echter Transport zu anderen Orten erübrigen.

Weltraum. Wozu in die Ferne schweifen, denn das Aufregende liegt so nah, im Inneren des Menschen. Dennoch wird es Versuche geben, sich im Weltraum neue Aufgaben zu suchen, aber mehr wegen der interessanten neuen Erfahrungen, nicht um der Wissenschaft oder Kolonisierung willen.

Wissenschaft. Die künftige Wissenschaft wird sich hauptsächlich mit der Erforschung außersinnlicher Phänomene und außergewöhnlicher seelisch-geistiger Zustände befassen. Dadurch wird die Überwindung von Raum und Zeit, von Materie und Tod möglich – ohne Instrumente, nur mit der Macht der Gedanken.

Wohnen. Die öffentlichen Gebäude werden immer durchsichtiger, gläserner, abstrakter, sozusagen materialisierte Gedanken. Doch das individuelle Zuhause wird ein Stück Natur sein oder in der Natur liegen. Erdhäuser, Zusammenleben mit wilden Tieren oder das Meer als künftiges Domizil, so etwa wird die Zukunft des Wohnens aussehen.

Zeit. Unsere gegenwärtige Auffassung von einer gleichmäßig dahinfließenden Zeit wird einem völlig anderen Zeitbegriff weichen. In ihm wird die Gleichzeitigkeit alles Geschehens im Vordergrund stehen. Da alles immer und gleichzeitig geschieht, wird der Mensch die Zeit überwinden, in ihr reisen, sie in andere Welten verlagern oder sie gar zum Stillstand bringen.

Ausgewählte Literatur
Zeitschriften, Filme

Literatur

Bradbury, Ray: *Fahrenheit 451.* Heyne. 1953 erschienen, schildert der Romantiker Bradbury darin die letzten Bücher-Sammler, die sich gegen die totale TV-Gesellschaft wehren und das Verbrennen der Bücher verhindern wollen. Zuletzt gibt's die obligate Revolution und alles wendet sich zum Guten, so wie Bradbury sich das vorstellt.

Brügge, Peter: *Die Anthroposophen.* Spiegel-Buch 1984. Eine Darstellung der Vorstellungen und praktischen Realisierungen dieser philosophischen Vereinigung. Interessant sind die Kapitel über Banken, Grundbesitz und Heilen.

Brunner, John: *Der Schockwellenreiter.* Heyne. 1961 geschrieben, schildert der kritische Engländer eine total verdatete Gesellschaft, in der aufmüpfige Bürger durch Gehirnwäsche neue Existenzen verpaßt bekommen. Der Held bringt aber das ganze System durch einen eingespeisten Computer-Virus zum Erliegen.

Capra, Fritjof: *Das Tao der Physik.* Ursprünglicher Titel: Der Kosmische Reigen. Scherz 1984. Der bekannte österreichische Physiker zeigt den Zusammenhang der modernen Physik mit östlichen Weisheitslehren.

Clarke, Arthur C.: *Die Letzte Generation.* Heyne. Der Originaltitel des 1953 erschienenen Buchs beleuchtet die Situation besser: Childhood's End – Das Ende der Kindheit. Eine wohlwollende Rasse Außerirdischer bringt die Menschheit auf den richtigen Weg.

Cousins, Norman: *Der Arzt in uns selbst.* Rowohlt 1981. Lachen ist gesund – und macht gesund. Eine exzellente Beschreibung der Wirksamkeit so einfacher psychischer Energien wie Lachen zur Heilung von Kranken, die von den Ärzten aufgegeben wurden.

Csikszentmihalyi, Mihaly: *Das flow-Erlebnis.* Klett-Cotta 1984. Beschreibt das »Verschmelzen von Tun und Bewußtsein« bei äußerster Anspannung und Konzentration.

Dossey, Larry: *Die Medizin von Raum und Zeit.* Sphinx 1984. Beschreibt nicht nur neue Auffassungen von Gesundheit und Krankheit, sondern auch neue Heilverfahren durch den Einsatz psychischer Kräfte.

Ferguson, Marilyn: *Die sanfte Verschwörung.* Sphinx 1982. Das Standardwerk über den »Paradigmenwechsel«, die neue Auffassung vom Menschen und seine Beziehungen zur Umwelt, und über Netze.

Giesecke, Hermann: *Das Ende der Erziehung.* Klett-Cotta 1980. Zeigt, wie die Kinder selbständig werden und damit Erziehung überflüssig machen.

Herbert, Nick: *Quantum Reality.* Doubleday, New York 1985. Eine hervorragende Übersicht über die Auffassungen der Physiker von Realität. Etwas schwierig für Laien.

Hesse, Hermann: *Demian.* Suhrkamp. Erstauflage 1919. Hesse schildert eine Gemeinschaft brüderlich verbundener Menschen ganz im Stil der Wassermann-Gemeinschaften.

Hofstadter, Douglas: *Gödel, Escher, Bach. Ein endloses geflochtenes Band.* Klett-Cotta 1985. Das Kultbuch der Hacker. Verschlungene Gedanken, logische Paradoxa, Aufhebung der Realität durch Logik und Mathematik.

Keyes, Daniel: *Die Leben des Billy Milligan.* Heyne 1985. Eine ausführliche Schilderung des Verbrechers Milligan, der aus 16 verschiedenen Persönlichkeiten besteht.

Levi: *Das Wassermann-Evangelium von Jesus dem Christus.* Hugendubel 1980. Ursprünglich 1906 erschienen. Die Botschaft Jesu an die Bürger des Wassermann-Zeitalters.

Long, Max: *Kahuna-Magie.* Bauer 1982. Eine nüchterne Darstellung alltäglicher magischer Praktiken, die jeder lernen kann.

Meyrink, Gustav: *Das grüne Gesicht.* Langen-Müller und Knaur. Seit dem Ersterscheinungsjahr 1916 hat das Buch nichts von seiner Faszination verloren. Alles Wesentliche über die Auffassung des Wassermann-Menschen von Realität und Magie findet man hier.

Naisbitt, John: *Megatrends.* Hestia, Bayreuth 1984. Soziale, politische und wirtschaftliche Trends in den USA mit zukunftsweisenden Folgen.

Orwell, George: *1984.* Die klassische Anti-Utopie aus dem Jahre 1948 vom perfekten Überwachungsstaat, der mit Terror, Gehirnwäsche und Änderung der Vergangenheit seine Bürger unterdrückt. Immer noch aktuell.

Pestalozzi, Hans: *Die sanfte Verblödung.* Hermes. Nach den vielen schwülstigen New-Age-Elaboraten mußte sowas kommen.

Postman, Neil: *Das Verschwinden der Kindheit.* Fischer 1984. Durch Fernsehen und Computer werden die Kinder wieder zu frühen Erwachsenen, die Lesen und Denken verlernen.

Reinecke, Wolfgang: *Praktische Astrologie.* Ariston, Genf 1977. Eine sehr gute Einführung in die Bedeutung der Tierkreiszeichen.

Cayces, Edgar: *Bericht von Ursprung und Bestimmung der Menschheit.* Goldmann 1979. Des Sehers Edgar Cayces Bericht von Ursprung und Bestimmung des Menschen. Mit ausführlicher Beschreibung des Lebens der Atlantiden.

Rogers, Everett; Larsen, Judith: *Silicon Valley Fieber.* Siedler, Berlin 1985. Eine hervorragende Schilderung der wirtschaftlichen und sozialen Verhältnisse aus der Region, wo die Zukunft (nicht nur der Computer) schon heute existiert.

Rosenberg, Alfons: *Durchbruch zur Zukunft. Der Mensch im Wassermannzeitalter.* Turm, Bietigheim vermutlich 1971. Eine ausführliche Schilderung der Kulturen des Stiers, des Widders, der Fische und des Wassermanns nach den 12 Feldern.

Roszak, Theodore: *Mensch und Erde auf dem Weg zur Einheit.* Ahorn, Soyen 1982. Originaltitel: Die schöpferische Auflösung der Industriegesellschaft – und was danach kommt. Geht sehr ausführlich auf die Situation der Arbeiter und der Familie ein.

Russell, Peter: *Die erwachende Erde.* Heyne 1984. Untertitel: Unser übernächster Evolutionssprung. Die Gaia-Hypothese und andere Hypothesen über Bewußtseins-Überwesen.

Sandauer, Heinz: *Geschichte – gelenkt von den Sternen.* Prisma/Omnibus, Salzburg 1978. Eine hochinteressante astrologische Analyse abendländischer Geschichte.

Schwenk, Theodor: *Das Sensible Chaos.* Freies Geistesleben, Stuttgart 1962. Wundervoll illustrierte Darstellung chaotischer Zustände in Umwelt und Technik.

Spengler, Oswald: *Der Untergang des Abendlands.* Das klassische Werk aus dem Jahr 1923 über die Entwicklung der abendländischen Kultur. dtv 1972

Steele, Guy, et al.: *The Hacker's Dictionary.* Harper & Row, New York 1983. Für alle, die's genau wissen wollen: So unterhält man sich auf Hacker-Parties.

Toffler, Alvin: *Der Zukunftsschock.* Knaur 1974. Frühe Darstellung der Informationsüberflutung des modernen Menschen.

Trevelyan, George: *Eine Vision des Wassermann-Zeitalters.* Goldmann 1984. 1977 veröffentlichte der britische Altmeister des New-Age seine Vision von einer schönen neuen Welt. Transformation, Meditation und Frieden sind seine Ziele.

Tributsch, Helmut: *Die Gläsernen Türme von Atlantis. Erinnerungen an Megalith-Europa.* Eine wissenschaftliche und kühne Darstellung der Megalith-Kultur und ihrer atlantischen Ursprünge.

Turkle, Sherry: *Die Wunschmaschine.* Rowohlt 1984. Der Originaltitel sagt's besser: Das Zweite Ich – das ist der Computer. Exzellente Beschreibung der Hacker-Kultur.

Vallee: *Computernetze.* Rowohlt 1984. Kritische Beschreibung der Möglichkeiten und Gefahren von Computernetzen.

Villoldo, Alberto; Dychtwald, Ken: *Millenium. Wege ins Dritte Jahrtausend.* Sphinx 1984. Eine ausgezeichnete Vorschau renommierter Wissenschaftler unter New-Age-Gesichtspunkten.

Voldben: *Die großen Weissagungen über die Zukunft der Menschheit.* Langen-Müller 1975. Gute Übersicht über die Voraussagen diverser Seher.

Wells, H. G.: *Menschen, Göttern gleich* (1922)
Die offene Verschwörung (1928). Zsolnay, Wien. Der englische Sozialist und Visionär entwirft seine Vorstellung von der idealen Gesellschaft und den Mitteln, sie zu erreichen.

Wilber, Ken: *Halbzeit der Evolution.* Scherz 1984. Untertitel: Der Mensch auf dem Weg vom animalischen zum kosmischen Bewußtsein. Ein Standardwerk der New-Age-Literatur mit einer weitschauenden Analyse der gesamten menschlichen Entwicklung.

Wilson, Colin: *Parasiten des Geistes.* 1967 in Lovecrafts Hausverlag »Arkam House« erschienen, beginnt der Roman im Stile des *Cthuluh-Mythos*, wird aber sehr schnell selbständig und zeigt den Kampf der Menschen gegen die in ihren Hirnen schlummernden Geist-Parasiten.

Wilson, Robert Anton: *Schrödingers Katze.* Rowohlt 1979. In drei Bänden schildert der Autor der »Illuminaten«-Trilogie Parallelwelten und alternative Universen, so daß bald niemand mehr durchblickt, was echt ist und was erfunden.

Zeitschriften

Trendwende
Radar für Trends
Sphinx
Magazin 2000

Filme

Alarm im Weltall (1956). Die Krell entdecken das Geheimnis der Materie-Erzeugung mittels Gedankenkraft und werden zuletzt von den Ungeheuern ihres Unterbewußtseins vernichtet.

Brazil (1984). Terry Giliam von der englischen Komikertruppe »Monty Python« verfilmte Orwells »1984« auf kongeniale Weise: Als schwarze Komödie mit bitterbösem Ende.

Fahrenheit 451 (1966). Adäquate Verfilmung des Romans von Ray Bradbury. Die Büchersammler gründen eine neue Außenseiter-Gesellschaft in den Wäldern, wo sie Bücher auswendig lernen.

Flucht ins 23. Jahrhundert (1976). Alle Alten werden rituell getötet. Und alt ist man mit 30!

Jahr 2022 ... die überleben wollen (1973). Wer will, kann sich bei schöner Musik und bunten Bildern freiwillig aus dem Leben befördern lassen. Sein Fleisch wird allerdings anschließend verwertet. Wovon sollen denn die vielen Menschen leben?

Tron (1984). Der Held läßt sich in den Computer transferieren und erlebt dort in einer simulierten Alptraumwelt die üblichen Abenteuer. Der Geist des Aufruhrs gegen das alles beherrschende böse Betriebssystem.

Wechsel der Felder

Feld/Bereich	Fische-Zeit	Wassermann-Zeit
1		
Vorlieben	Wasser, Gefühle, Luft	Strahlen, Computer
Lebensbereich	Natur, Gott	Stadt, Mensch
Aussehen	Mode als Schmuck, weiblich	Gläserner Mensch, neutral
Typ	geschäfstüchtiger Mönch	moderner Magier
Geschichte	bewegt, unbeständig, bodenlos	sprunghaft, zukunftsorientiert, in der 4. Dimension
Weltanschauung	mystisch, »faustisch«	wissenschaftlich-magisch, bewußtseinserweiternd
2		
Besitz	brutale Eroberung und Ausbeutung privat, beweglich	sanfte Verteilung, Kollektivbesitz nicht eindeutig, im Meer
Wirtschaftssystem	individueller Kapitalismus	weltweiter Kommunismus
3		
Sprache	gepflegt, künstlerisch, festgelegt, rituell	direkt, offen, originell, rücksichtslos, primitiv
Schule	reguliert, feste Formen, Individualismus nicht gefragt	Lernen, Ende der Schule
Geschwister	geregelte Beziehungen	individuelle Beziehungen

4		
Kindheits- bewältigung	durch Psychoanalyse, Ge- spräche	durch Natur, Musik
Haus	Kommunikationszentrum (Büro, Telefon, TV, Amt, Kirche)	Kunstzentrum, Musik- haus, Erdhaus, Museum, Erholungsstätte

5		
Kunst	gefühlvoll, tief, Ziel: Er- lebnis	oberflächlich, intellektuell, Ziel: Kommunikation
Sex	intensiv, häuslich, Voraus- setzung für Mutterschaft und Kinder	leicht, schnell, »elektro- nisch« kurz, intellektuelles Spiel
Kinder	werden über-versorgt, nicht losgelassen, mütter- lich erstickt	organisieren sich selbst, früh selbständig, miteinan- der

6		
Arbeit	durchorganisiert, Boß = Herrscher, Pünkt- lichkeit, Fabrik	häuslich, familiär, fest- klammernd, gefühlvoll, Natur
Krankheit	Krankenhaus = Fabrik, Chefarzt = Halbgott in Weiß, Heilung durch Technik	Pflege = persönlich, ge- fühlvoll, Arzt = Mutter, warmherziger Betreuer; Heilung durch Seele, Ge- fühle, Natur

7		
Ideal	Jungfrau	strahlender Mensch
Ehe	Geschäftsverbindung	gemeinsames Wachstum; Angeberei
Bürokratie	Einzelheiten, Büro, Ar- beit, Nörgelei, kein Über- blick	persönlich, schwungvoll, autoritär, ohne Details, Hilfe durch Energie
Zweite Hälfte	Analyse, Geschäfte, Wis- senschaft und Technik	Organisierung, Strahlungs- zentren, neuer Mensch

8		
Tod	schöne Feier, Rituale, Leichenschmaus, Grabmalspflege	Geschäfte mit Leichenteilen und Todesenergie, Unterricht, Forschung über Tod/Mystik

9		
Religion	verbunden mit Sex und Tod: Hexen, mystische Erfahrungen, Kreuzzüge; intensiv	Ausgleich und Verbindung aller Religionen, schöne Rituale, ästhetische Liturgie

10		
Politik	international, vielseitig, ideologisch-religiös, Staat = Großunternehmen	Überwachung durch Geheimpolizei, schwarze Magie, Staat = Experimentierfeld für die äußersten Grenzen des Menschen
Politiker	Unternehmer, Geschäftsleute, Reichsgründer, Optimisten, Ideologen	religiöse Führer (Gurus), im Hintergrund wirkend, aufs äußerste gehend

11		
Freundschaften	hierarchisch organisiert, feste Formen, feste Posten	international, verklärt, fast religiös, »Gegenregierung«
Was nicht zum Tragen kommt	Brüderlichkeit, kameradschaftliche, ideologiefreie Kooperation	Ausdauer, langfristige Ziele, feste Formen, alte Menschen, Bauern

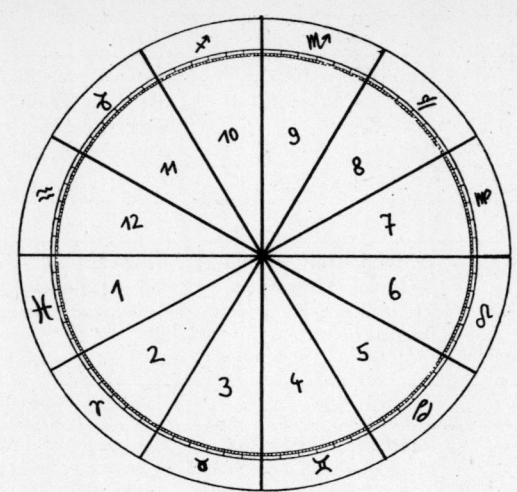

Häuser (Felder) und Sternbilder im Fische-Zeitalter

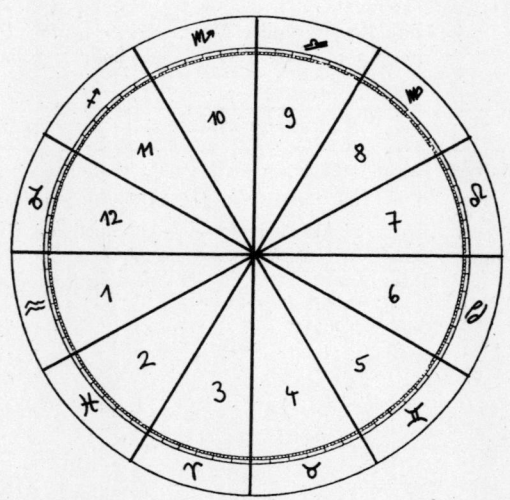

Häuser (Felder) und Sternbilder im Wassermann-Zeitalter

Wechsel der Zeichen

Tierkreiszeichen	Fische-Zeit	Wassermann-Zeit
Wassermann: weitblickend, kameradschaftlich	eingesperrt	Leitbild, Gesamtcharakter
Fische: Mitleid, Unbestimmtheit	Gesamt-Charakteristik	Besitz und Erde
Widder: Krieg, originell, rücksichtslos	um Besitz Kapitalismus	um Information Ende der Schule
Stier: Rituale, Schönheit, Natur	Sprache, Schule	Zuhause, Psychoanalyse
Zwillinge: Neugier, reden, experimentieren	Heim, Analyse	Sex, Kunst, Kinder
Krebs: beschützen, häuslich, Gefühle	Kinder, Kunst, Sex	Arbeit, Heilen
Löwe: organisieren, Autorität	Büros, Krankenhäuser	Ideal, Berater; Halbzeit
Jungfrau: Arbeit, Geschäfte, Forschung	Ideal, Partnerschaft, Halbzeit	Tod
Waage: Harmonie, schöne Formen	Tod	Religion

Skorpion: persönliche Macht, bis zum Äußersten	Religion	Öffentlichkeit, Lebensziele
Schütze: Unternehmer	Politik	Netze
Steinbock: Hierarchien, alte Menschen	Genossenschaften	eingesperrt

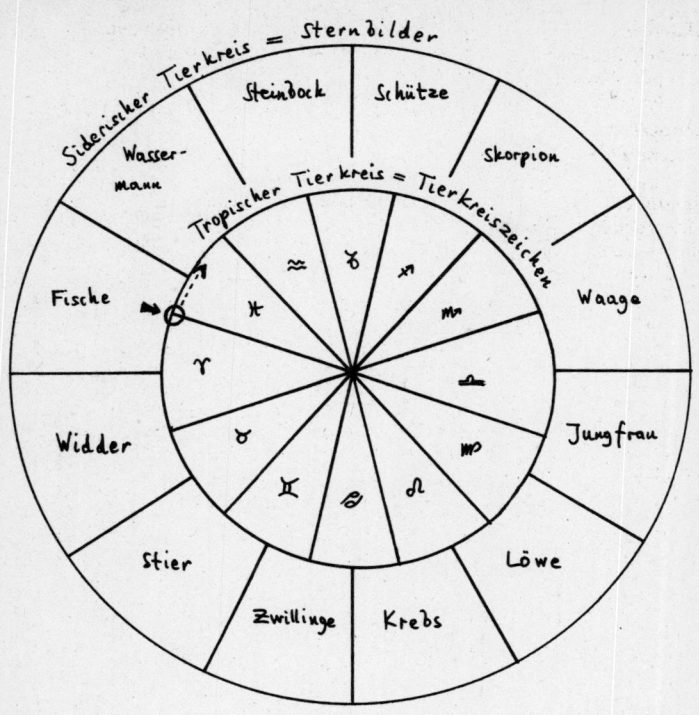

Verschiebung des siderischen Tierkreises (der aus den Sternbildern besteht) gegenüber dem tropischen Tierkreis (der sich aus Tierkreiszeichen aufbaut und mit dem die Astrologie rechnet). Der Frühlingsknotenpunkt oder Widderpunkt, also der Punkt 0° Widder im tropischen Tierkreis (Pfeil), wandert langsam im Gegenuhrzeigersinn.

Die Zeichnung verdeutlicht die Situation etwa um 1000 n. Chr., also in der Mitte des Fische-Zeitalters. In der Gegenwart verläßt der Widderpunkt das Sternbild Fische und wandert in das Sternbild Wassermann, wo er sich etwa 2100 Jahre aufhalten wird.

GOLDMANN VERLAG

Erhard F. Freitag

Kraftzentrale Unterbewußtsein

„Mit diesem Buch bietet der bekannte Münchner Hypnosetherapeut Erhard F. Freitag durch seine klare bildhafte Sprache jedem die Möglichkeit, die fast unbegrenzten Kräfte seines Unterbewußtseins zu nutzen, um seine Lebensqualität zu erhöhen und seine geistige Entwicklung zu erleichtern." (Kurt Tepperwein)

11740

Hilfe aus dem Unbewußten

Jeder Mensch kann, sobald er bereit ist, über seine psychischen Probleme nachzudenken und Spannungen zu lösen, sein Leben grundlegend ändern und zu einem liebevollen Leben in größtmöglicher innerer Harmonie finden.

10957

GOLDMANN VERLAG

Dr. Joseph Murphy

GRENZWISSENSCHAFTEN
ESOTERIK

Dr. Joseph MURPHY

Der Weg zu innerem und äußerem Reichtum

Ihr Denken gestaltet Ihr Leben

11767

GRENZWISSENSCHAFTEN
ESOTERIK

Dr. Joseph MURPHY

Das I-Ging-Orakel Ihres Unterbewußtseins

11757

ESOTERIK

Dr. Joseph MURPHY

LEBEN IN HARMONIE

Der Kosmos: Die unversiegbare Quelle Ihrer Kraft

11751

ESOTERIK

Dr. Joseph MURPHY

Die kosmische Dimension Ihrer Kraft

Positives Denken im Einklang mit dem Universum des Geistes

11755

ESOTERIK

Dr. Joseph MURPHY

Das Wunder Ihres Geistes

Ein Buch der Entdeckung und Wandlung

11739

ESOTERIK

Dr. Joseph MURPHY

Die Gesetze des Denkens und Glaubens

Sie werden, was Sie denken und glauben

11734

ESOTERIK

Dr. Joseph MURPHY

Die unendliche Quelle Ihrer Kraft

Ein Schlüsselbuch positiven Denkens

11736

Joseph Murphy, Dr. theol., jur., rer. nat., verstorben im Dezember 1981, vermittelte seit mehr als einem Vierteljahrhundert durch persönliche Beratung und öffentliche Vorträge unzähligen Menschen in aller Welt das Vertrauen in die Kraft des menschlichen Geistes. Seine Bücher wurden in mehrere Sprachen übersetzt und erreichten Auflagenziffern von über einer Million. Sein Studium der Weltreligionen hat ihn davon überzeugt, daß allem Leben eine universelle Kraft innewohnt.

GOLDMANN VERLAG

Grenzwissenschaften Esoterik

GRENZWISSENSCHAFTEN ESOTERIK

ERNEST BECKER

Die Überwindung der Todesfurcht

Dynamik des Todes

Ausgezeichnet mit dem Pulitzer-Preis

11762

GRENZWISSENSCHAFTEN ESOTERIK

Axel **BOHNENKAMP**

Tarot als Lebenshilfe

22 Stufen zu einem Leben voll Harmonie und innerer Kraft

11770

GRENZWISSENSCHAFTEN ESOTERIK

WERNER F. BONIN

Naturvölker und ihre übersinnlichen Fähigkeiten

Von Schamanen, Medizinmännern, Hexern und Heilern

11766

GRENZWISSENSCHAFTEN ESOTERIK

Horst E. MIERS

Lexikon des Geheimwissens

11708 (April '86)

GRENZWISSENSCHAFTEN ESOTERIK

Lobsang **RAMPA DAS DRITTE AUGE**

Ein Tibet-Roman

11758

GRENZWISSENSCHAFTEN ESOTERIK

JANE ROBERTS

GESPRÄCHE MIT SETH

Von der ewigen Gültigkeit der Seele

11768 (April '86)

GRENZWISSENSCHAFTEN ESOTERIK

JANE ROBERTS

DIE NATUR DER PSYCHE

Ihr menschlicher Ausdruck in Kreativität, Liebe, und Sexualität

11760

GRENZWISSENSCHAFTEN ESOTERIK

Eugen G. **JÜSSEK**

Gespräche mit Yan Su Lu

Begegnung mit dem Weisen in uns

11765

ESOTERIK

S A T P R E M

DER MENSCH HINTER DEM MENSCHEN

Ein Mann auf der Suche nach dem letzten Geheimnis der menschlichen Existenz – die Erfahrung einer inneren Entwicklung
Mit einem Vorwort von Georg Stefan Troller

11754

GOLDMANN VERLAG

Goldmann
Taschenbücher

Informativ · Aktuell
Vielseitig · Unterhaltend

Allgemeine Reihe · Cartoon
Werkausgaben · Großschriftreihe
Reisebegleiter
Klassiker mit Erläuterungen
Ratgeber
Sachbuch · Stern-Bücher
Indianische Astrologie
Grenzwissenschaften/Esoterik · New Age
Computer compact
Science Fiction · Fantasy
Farbige Ratgeber
Rote Krimi
Meisterwerke der Kriminalliteratur
Regionalia · Goldmann Schott
Goldmann Magnum
Goldmann Original

Goldmann Verlag · Neumarkter Str. 18 · 8000 München 80

Bitte
senden Sie
mir das neue
Gesamtverzeichnis

Name _____

Straße _____

PLZ/Ort _____